黄志坚◎著

你也可以约见奥巴马

——让你人脉倍增的六度分隔理论

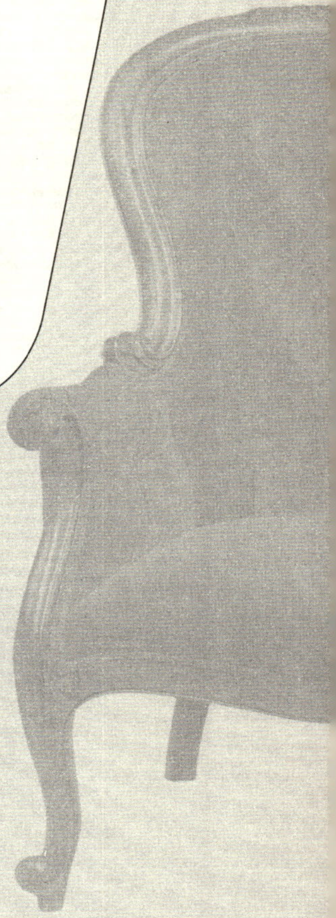

北京航空航天大学出版社

图书在版编目(CIP)数据

你也可以约见奥巴马 ：让你人脉倍增的六度分隔理论 / 黄志坚著. -- 北京 ：北京航空航天大学出版社，2010.7

ISBN 978-7-5124-0120-4

Ⅰ. ①你… Ⅱ. ①黄… Ⅲ. ①人际关系学—通俗读物 Ⅳ. ①C912.1-49

中国版本图书馆 CIP 数据核字(2010)第110353号

你也可以约见奥巴马——
让你人脉倍增的六度分隔理论

黄志坚　著
责任编辑　宋淑娟
*
北京航空航天大学出版社出版发行
北京市海淀区学院路 37 号(邮编 100191)　http://www.buaapress.com.cn
发行部电话：(010)82317024　传真：(010)82328026
读者信箱：bhpress@263.net　邮购电话：(010)82316936
北京燕旭开拓印务有限公司印装　各地书店经销
*
开本：700×960　1/16　印张：13.625　字数：223 千字
2010 年 7 月第 1 版　2010 年 7 月第 1 次印刷
ISBN 978-7-5124-0120-4　定价：27.00 元

你和任何一个陌生人之间所间隔的人不会超过六个，也就是说，最多通过六个人你就能够认识任何一个陌生人。任何两位素不相识的人之间，通过一定的联系方式，总能够产生必然联系或关系。

——六度分隔理论

前　言

常言说“一个篱笆三个桩，一个好汉三个帮”，“一人成木，二人成林，三人成森林”，就是说，无论哪个社会，在人生漫长而艰辛的征途中，任何人都不能仅靠自己的力量，独自走向终点。人需要情感上的相互理解，需要尊重、信任和温暖，需要亲情、爱情、友情的支持。同时，人的生存和发展也必须与人合作，从而互相帮助，互通有无，交换资源，互惠互利。要想做成大事，就必定要有做成大事的人脉网络和人脉支持系统。

很多成功的商界人士都深深意识到人脉资源对自己事业成功的重要性。美国钢铁大王卡内基经过长期研究得出结论：“专业知识在一个人成功中的作用只占 15%，而其余的 85%则取决于人际关系。”美国人则有一句名言：“20 岁靠体力赚钱，30 岁靠脑力赚钱，40 岁靠交情赚钱。”两者讲的都是一个意思。

在通向成功的路途中，很多因素都可能影响事情的成败和成功的速度。但成功的每一个步骤都离不开人的参与。所以，打理好你的人际关系，规划好你的生活半径，就是为成功储备资本。无论从事什么职业，学会处理人际关系，掌握并拥有丰厚的人脉资源，在人生最关键的时刻，这些用心经营多年的人脉就肯定能带来意外的惊喜。

芸芸众生中，很多人其实都面临着同样的境况：没有富爸爸和有钱的老妈，没有可减少奋斗20年的终身伴侣，论聪明、天赋和能力都不算顶尖。但有些人却能杀出重围，打拼出自己的一片天地。这些人的成功，靠自身的努力是一方面；而深谙人情学、贵人襄助和多方助力在一个人的成就中也扮演着重要的角色。

机遇和贵人是在适当时候出现的适当人、事、物的组合体。我们每天与形形色色的人擦肩而过，我们无法控制这种完美巧合何时出现，唯一能做的就是通过控制自己的人脉来给自己创造更多的可能。很多优秀的人看起来遥不可及，距离他们像有一光年那么遥远。譬如美国总统奥巴马，我们也许会觉得这一辈子都不可能和他打上交道。但下面这个理论却告诉我们，人和人的联系并非我们想象中那么不可逾越。

这个数学领域的猜想名为Six Degrees of Separation，中文翻译为六度分隔理论，也叫小世界理论。它指出：和任何一个陌生人之间所间隔的人不会超过六个，也就是说，我们最多通过六个人就能够认识一个陌生人。六度分隔理论的现象，并不是说任何人与人之间的联系都必须通过六个层次才会产生联系，而是表达了这样一个重要的概念：任何两位素不相识的人之间，通过一定的联系方式，总能够产生必然联系或关系。

这一理论在20世纪60年代由美国心理学家斯坦利·米尔格朗提出，而美国微软公司研究人员近期通过计算证实了这一理论。通过准确计算，任意两个人之间建立联系需要6.6人。也就是说，普通人与美国总统奥巴马或英国女王伊丽莎白二世取得联系，其实只需要几个熟人而已。这个理论的核心在于，任何两个人建立联系都是可能的，无论这两个人是否认识。也就是说，全世界200多个国家、60多亿人口，不管你和对方身处何处，哪个国家，哪类人种，何种肤色，你最多只需6次中转就能够找到对方。从另一层面来说，绝对没有联系的两个人是不存在的。所以，你也可以约会奥巴马，并且请他吃饭。

有这样一个折纸的例子：把一张纸对折再对折，一共折50次，这张纸的厚度相当于地球到太阳之间的距离；假如再对折一次，这个厚度就等于在地球和太阳之间跑个来回。数学上，这就叫做“几何递进”。而放在人际交往中，就类似于“六度分隔理论”——它不是简单的相加，而是成倍的增长，迅速扩散、加倍和翻番，不停地复制、延伸。对于既有扩展社交的认识论，我们业已习惯了直线性思维：A 导致了 B，B 引起 C。但真实情况却往往是：A 导致了 B、C、D，而 B 又引起了 D、E、F，C 却影响了 A、E、F……在扩展人际圈子时，道理也是如此。人脉的拓展就像从山上滚下一个小雪球，慢慢地越来越大，带来的回报也越来越多。因此，如果你也用这种倍增的方式认识世界，那么你便可以跟全世界你想认识的陌生人都成为熟人。若能拥有全世界 60 亿的朋友，何愁万事不兴，诸事不成。

每个人都知道人际网络将是人们面对未来不可或缺的资源，但怎样行之有效地与人建立联系并成为可以相互倚重的伙伴，则是一门技术。我们要学习怎样有效地与人相处，如何获得增值合作，如何实现共赢，不仅要经营和维护好人际网络，还需要卓有成效地拓展人际网络。

人际网络就好比一个八脚章鱼，每一个八脚章鱼每一天每一分钟都在不停地集合、交错着，形成了错综有效的人际网络。现代社会，建立人脉远远不像过去所谓的“拉关系”那样粗俗简单，它包括很多层面的深化，需要用心经营。在六度分隔理论的指导下，我们可以找到自己和“贵人”之间的直线距离并描绘出直达的路线，通过结识最有效的“六人”来指导自己的工作，完成自己的婚恋，解决一切跟人相关的问题。经营人脉关系是获得“贵人”的有效途径，只有充分而合理地利用自己的人脉资源，善于对自己的人脉资源进行有效整合和积极拓展，才能通过人与人的网络来达到与他人联系、交往与合作的目的，从而驰入成功的快车道。只要够用心，够细心，认真打点，我们就能以最小的代价、最简单的方式去结识更多的人。

人脉管理是一门技术，包含了一连串的工序和注意事项。本书力图说明，既需要积极拓展新的交际圈，也要维护好已有的人际关系，同时还要准确定位自己，树立应有的形象。时刻怀抱着一颗赤子之心，是安身立命之本，人脉管理之基。

再多的人际链条，都是可以连通的；再难的事，只要依靠人也不难办到。

六度分隔理论为我们揭示了一个浅显的道理：在这个地球上，只要你想，那么在法律和道德允许范围内没有什么是不可能办到的，没有人是不能认识的。无论哪个年龄段，哪个文化层次，哪个收入水平，其实我们和美国总统的距离并不遥远，我们和任何一个我们想要打交道的人之间的距离都不遥远，我们所欠缺的只是一些想象的勇气和行动的策略而已。怀抱着这种期待，并且为此积极努力着，到了人脉结账的时候，你便会知道，你也可以和奥巴马进行一次亲密的约会。

黄志坚

2010 年 5 月

目 录

熟人介绍是一种事半功倍的人脉资源拓展方法，它具有倍增的魅力。我们都是社会人，每一个人的人脉圈子首先都是从对身边熟人的接触和积累开始。一个人的能力再强，他的精力和时间也毕竟有限，要想产生几何指数的倍增威力，短时间开发出大量的人脉资源，就必须向身边人寻求帮助。在人脉资源网络的维护中，我们要做一只精心织补自己网络的蜘蛛，查漏补缺。

我们每一个人都渴望获得额外的帮助，尤其是在用尽自己资源却依然难以取得成功的情况下。如果我们对于接触陌生人和外界社会怀着开放而非排斥的态度，就能收获意外的惊喜。敞开大门，你能找到60亿的朋友，和每一个陌生人都可以开始轻松交谈。而你要做的就是：从现在开始，不再一个人吃饭。

奥巴马不可能永远49岁，人脉网络也不会一直维持在一个模式内。流水不腐，户枢不蠹，及时地更新、梳理自己的人脉网络，才能将更多的人脉资源存入户头中。杀毒软件、服装、电器都要跟上时代，所以你也不能做“OUT”族，让自己的人脉滞留在冰河时期。醒醒吧，好好给自己的人脉系统来一次更新换代！

这是一个沟通胜过拳头、人脉决定输赢的年代。我们会和形形色色的人交往，也会碰上千奇百怪的想法，揣摩到别人的心思绝对会让我们少犯错，少走弯路。真正的人际关系是由心开始、用心经营的人际关系，只有这样人脉才会得到全面发展。学一些人际交往中常用的心理学，知己知彼，才是成功交往的根基。

第 1 章

你和奥巴马的距离有多远：只要你愿意，世界触手可及

你和奥巴马的距离有多远？对于这个假命题，很多人觉得像天方夜谭。人脉的重要性众所周知，但是我们进行的都是可操作性的人际互动，即熟悉且狭隘的熟人圈。和这一类遥不可及的人物打交道是我们从来不去想也不敢想的事情。而六度分隔理论的魅力在于，它告诉我们：只要你敢想，我们和任何一位我们想要打交道的人之间的距离都不遥远。

只要你愿意，世界触手可及

我们总是感叹自己相对于这个世界是多么的渺小，周围有那么多成功的人，听起来却像遥不可及的神话，好像来自两个世界，我们与他们之间隔着十万八千里。但六度分隔理论却告诉我们：地球其实很小。

生活中总是有无数次这样的偶遇和巧合：我们和一个陌生人成为朋友，聊着聊着，却发现原来我们认识同一个人，或者我认识的一个人和他认识的一个人是好朋友；又或者我们陪着自己的表哥或堂哥去相亲，一见面才发现相亲的对象竟是自己的小学同学或是以前单位的同事。于是我们马上会觉得对方更亲切，并感觉这个世界是如此的奇特。

人与人之间的距离就是这样奇怪，看起来永远都没有可能，但下一秒便这样擦肩而过。世界到底有多大？我们和世界上其他人的距离到底有多远？美国心理学家斯坦利·米尔格朗的答案是——六个人。

社会学家总是希望他们的研究不仅是基于实验和经验性的认识，还渴望自己的结论能够与公认的数学理论联系起来，这样，他们的研究就可以作为一个正式的科学结论让公众心服口服。而“小世界”理论的积极意义在于：只要寻找一定的联系方式，人与人之间建立联系是可能的，再多的人际链条都可以打通。

有这么一个故事：

几年前，一家德国报纸接受了一项挑战，要帮法兰克福的一位土耳其烤肉店老板找到他与他最喜欢的影星马龙·白兰度的关联。结果经过几个月，报社的员工发现，这两个人只经过不超过六个人的私交，就建立了人脉关系。

原来烤肉店老板是伊拉克移民，有个朋友住在加州，刚好这个朋友的同事，是电影《这个男人有点色》的制作人的女儿在女生联谊会的结拜姐妹的男朋友，而马龙·白兰度主演了这部片子。

对于有些人而言，这个故事听起来更像小概率下产生的缘分，如果缺失其中任何一环，则和马龙·白兰度建立联系都岌岌可危。假若烤肉店老板没有加州的朋友又或者不是伊拉克移民呢？假若他朋友没有一个和电影制片人打交道的结拜姐妹呢？对于一件事情的质疑，我们总是可以找到很多的论据进行辩驳；而同样，对于一件事情的实施，我们也可以找到足够多的途径——只要我们愿意。

莱特兄弟想要像鸟儿一样自由地飞翔在蓝天，所以他们制造了飞机；比尔·盖茨想要全世界每一个人都用上电脑，所以他创建了微软帝国。在他们所处的时代，他们如同疯子一样地存在，因为他们想到的都是从来没有出现的，或者说是很多人不敢想的。而人脉的拓展也是如此。有些人总是满足于自我固定而狭隘的圈子，随机又随缘地等待着自己生命的贵人。和一定层次的人打交道，对于他们，似乎连想象都是亵渎。而事实却是：你不主动去和马龙·白兰度建立联系，他更加不可能来找你。

事情发生的第一因素便是：你要了解，只有你先想到，才可能做到。

在一本畅销书中看到这样一段话："当你真心想要一样东西的时候，你身上散发出来的就是那种能量的振动频率，然后全宇宙都会联合起来帮助你得到你想要的东西。"正所谓成功吸引成功，想要某件事物的你才能吸引某件事物，道理就是如此。只有打心眼渴望某件东西，无时无刻不怀想拥有它的好处和感动，一个人才会为此全力以赴，拼了自己的老命，积极寻求各种可能性。

而从不想似乎永远不会发生的事的一类人，在没有开始做事情之前，已经预设立场，给自己打了一针心理疫苗。那么，这种事情还怎么可能会做到？还怎么可能去想做这样的事情？因为事先在心里预演了种种自己不能做到的理由，所以失败就是意料之中，而成功就是大大的意外，遇到了想遇见的人便是缘分。

很多成功人士与贵人的相遇绝对不能简单归结于什么巧合或缘分。机会都是他们自己创造的——因为想要学习成功人士的经验，想要成为一个成功人士。他们积极通过各种途径来实现与贵人之间的会面——电话、信函、卡片、高尔夫球会、高端会谈……方式不一而足，能力也有高有低；但正是因为有各种推销自我的举措，才实现了个人机会的概率呈几何倍数增长。日月光半导体公司总经理刘英武便是这样一个典型的例子。他当初在美国IBM服务时，为了争取与老板碰面的机会，每天都观察老板上洗手间的时间，然后自己也选择在那时去洗手间，增加与老板的互动。

而我们很多人觉得机会应该是用一种流星撞击地球的华丽方式，而不是像个傻瓜一样在厕所蹲点与老板谈心得体会来获得。正所谓有心意才会有创意，如果开始去想以前想都不敢想的事情，做一些以前从来不做的事情，你会发现失败与成功不过一墙之隔。

不管是寻找客户还是生命中的另一半，敢想才敢做，有想法更要有行动。如果你想追求一个女孩，那就认真守在楼下唱情歌，写长长的情书，孝敬她的父母，尊敬她的师长，看她喜欢的韩剧积累经验吧！同样，你想要约会奥巴马，那就给他的国务卿打电话，给自己海外的同学写电子邮件，或者在他女儿的博客上十年如一日地留下自己华丽的诗篇！

只要你有想法而且愿意实施，你就会有50%的机会——成功或者失败。而一个从不去幻想触碰世界边际的人，他便只能成为一个100%的失败者。

你的友谊是否掺了水分

六度分隔理论所阐明的最重要的思想是：人与人之间有必然的联系或关系，与一个陌生人取得联系其实并不难。人脉资源对于一个人能否获得成功具有非常重要的作用；但以利用别人为目的，绝对不是正常的人际关系，人脉资源网络不可能建立在掺了水分的友谊基础之上。即使作为普通人，你想与美国总统奥巴马建立朋友关系，只要努力，也完全可能做到；但如果抱着利用奥巴马出名或谋利的目的，并在与别人交往中希望别人帮助你做到与“奥巴马有一次亲密的约会”，估计没有人会愿意做这样的事，当然更不会因此与你成为朋友。

构建自己的人脉资源网络，首先要学会做人，要有良好、正确的心态。在与人交往中，拥有诚信，才能拥有更多的朋友；真心待人，才能赢得别人的真心。同时，要做一个谦虚的人，只有谦虚才能发现别人的长处，看到自己的不足。另外，还要尊重别人，不尊重他人的人，不可能收获真正的友谊。总之，要想结交更多、更好的朋友，并使之成为自己的人脉资源，自己就要先成为值得别人结交的好人。

其次要明白如何待人。一般而言，人脉资源网络的建设当然会有一定的功利目的，但这种功利的恰当表现方式应该是合作互利，即通过合作，双方的需求和利益都得到满足；如果只有一方受益而使另一方蒙受损失，那么这样的人际关系可能会有，但绝不可能长久，彼此也不可能在这种状况下成为对方的人脉资源。因此，构建丰厚而高效的人脉资源网络不仅要讲求功利，而且要将合作互利作为做好人脉经营工作最基本的原则和策略。

与人交往当然不可能没有一点功利色彩，但过分的功利无疑不利于交友，以利用别人为目的的交际，更是与人交往的大忌。现实社会中，每个人都喜欢交朋友，但没有人喜欢被别人利用，所以一个人如果抱着利用的目的接近别人，永远不可能建立起自己的人脉资源网络。

作为一个普通人，绝不能抱着满足自己私利而损害别人利益的目的与别人交往。生活中，朋友多了好办事是事实，朋友间互相帮助也是一种义务；但必须要诚信对待朋友，这种诚信要建立在尊重对方的基础上，这也是对自己的尊重。交朋友不能没有做人的原则，当今社会早已进入了合作共赢时代，任何人要想取得成功都必须与他人合作，曾经的陌生人只要诚心待人，完全可能共同合作取得成功。但是，如果合作者只是为了相互利用，为私利不惜相互损害，那么，即使再亲密的朋友也会分道扬镳，最终只能一事无成。

社会上曾经流行过一句话："朋友是用来出卖、利用的。"也确实有人打着"朋友"的幌子损害别人的利益来满足自己的私利。还有人说："没有永远的朋友，只有永远的利益！"为了利益可以出卖任何人，何况朋友。"为朋友可以两肋插刀"这样的江湖义气也被不少人利用。曾经一度在国内疯狂蔓延，造成极坏影响的传销活动，就是利用亲戚、朋友这样的关系，使很多人蒙受了巨大损失。这些都是对真诚的朋友关系的亵渎，一个人在与陌生人交朋友时，一定要保持警惕；否则一旦失察，轻则造成经济损失，重则可能引发很多不必要的麻烦。

人生在世，什么样的人都可能遇到，当自己偶尔失察，被别人利用时，更要保持良好的心态。其实，在被别人利用的同时，如果自己没有太多的利益损失，那么从另一个角度看，也是一件值得骄傲的事，至少说明自己是有利用价值的。为他人做事，只权当是帮助他人；但绝不能因帮人而失去了自己的底线、原则和自尊。大智若愚，讲的就是被人利用了，却装作不知道，从而达到反利用的目的，通过被利用来成就自己，这才是最高明的境界。

当然，能够通过被利用实现自己的人生价值，也是一种成功。每个人都有着独特的天赋和特点，一个人的价值往往也决定了其被他人需要的程度，发挥自己的特长并与为别人服务、满足别人需求结合在一起，就构建了获得更多财富的捷径。

从古至今，被人利用但达到成功的人不胜枚举。人活在这个世上，就是为了实现自我价值而生存的。若不被人利用，就永远也找不到自己存在的价值，只有在被人利用当中学会审时、度势、交友，才能学会生存之道。

总之，了解六度分隔理论后会发现，作为一个普通人，与美国总统奥巴马交朋友完全有可能。一个人要想获得成功，就要积极开拓自己的人脉资源网络，与人交往；一个人要诚信待人，尊重别人，才能结交更多、更好的朋友。朋友之间的友谊不应该附加太多的功利色彩，抱着利用别人的功利心去交朋友，与朋友的友谊如果掺了水分，最终不可能交到真正的朋友；而与朋友一起，共同合作奋斗，合作互利，往往更容易成功。

缘分，妙不可言

缘分，是中国文化中的一个抽象概念，反映的是一种人与人之间无形的联结，是某种必然相遇存在的偶然机会和可能。在茫茫人海中，人和人不论相距多么遥远，身份、地位存在多大差异，有缘就能够建立亲密的关系，这便是缘分的体现。缘分的神奇，恐怕是天下任何语言都无法尽述的，偶然中显现着必然，看似不可思议，却也在情理之中。缘分，实在是妙不可言。

其实，六度分隔理论从某些方面而言，正是对神奇的缘分进行的最直观、现实的阐述，它揭示了人与人之间存在必然的联系或关系，即我们最多通过六个人就能够认识一个陌生人。在某一天与我们相识、相交的一个陌生人，初看像是缘分的偶然，而依据六度分隔理论分析就可以发现完全是一种必然。因此，应该说，再神奇的缘分，也是能够解释清楚的，关键在于能否真正理解六度分隔理论的含义，即我们与地球上的任何一个人都可能成为朋友，哪怕距离相隔再远，地位悬殊再大。

不论在历史上还是在现实中，这样的事例不胜枚举，如中国古代俞伯牙、钟子期那样的知音；还有现代的法国总统希拉克与一位钟表匠的友谊，无论希拉克是做职员还是当议员，直到高居总统宝座，都没有中断与这位钟表匠的联系。这类人与人成为朋友的事例与其说是天定的缘分，不如说是人与人之间交往的必然结果。

由此可见，一个人构建自己的人脉资源网络，想要和什么人成为朋友，使谁成为自己的人脉资源，都是可以做到的事情，六度分隔理论已经清楚地说明了你与别人有着成为朋友的可能，关键在于要通过自己的努力使之成为现实，就像“你也可以约见奥巴马”这样的事情，对每个人而言，都是能够做到的，而要真正做到“你和奥巴马有了一次亲密的约会”，关键在于你是否已经想办法去做这件事了，如果你已经着手努力了，相信最终一定会取得成功。

世界上任何人都可能成为自己的朋友和人脉资源，构建丰厚而高效的人脉资源网络，一个人不仅要敢想，更要敢干，只要真心实意地付出努力，即使没有取得成功，也可能会获得意想不到的收获。有时，一个偶然遇到的陌生人所给予的帮助，都有可能成为自己事业成功的开始，华尔道夫饭店的首任总经理就是这样。

在风雨交加的深夜，一对老年夫妇走进了一家饭店想要住宿，但饭店的房间已经被订满了，正在他们无奈时，饭店当班的夜班服务生对老人不住地致歉，还非常热情而诚恳地对老年夫妇说："若是在平常，我会送两位到别的饭店，可是那家饭店离这里较远，现在外边还下着大雨，这么晚又没有人可以替班，我不放心两位能在风雨中找到那里。您看两位可不可以今晚暂时待在我的房间，那虽然不是饭店的套房，但还是蛮干净的，而我下班后可以在办公室休息一下，明天一早再送两位去那家饭店。"

老年夫妇欣然接受这位饭店夜班服务生的建议，在服务生的房间住了一晚。第二天，老年夫妇结账时，服务生依然热情地表示：昨晚两位住的房间并不是饭店的客房，所以请示过了经理，饭店决定不收两位费用，也希望老人原谅饭店没有客房给他们造成的不便。老人非常赞赏服务生的热情周到，临走对服务生说："你是每个饭店老板梦寐以求的员工，或许以后我可以盖一栋饭店由你管理。"这位服务生笑了笑表示非常感谢，心里没有将老人的话当真。

几年后，这位服务生收到了一份邀请函和一张去纽约的机票，邀请他到纽约去管理一家新落成的豪华饭店。服务生到纽约后见到的是那对老年夫妇，老先生说："我叫威廉·阿斯特，这是我盖的饭店，你是我梦寐以求的员工，希望你来为我经营。"最后，服务生接受了老人的邀请。

这家饭店就是纽约最知名的华尔道夫饭店，入住其中是具有尊贵地位的象征，如今已成为世界各国政要造访纽约下榻的首选。当年的服务生就是乔治·波特，正是他奠定了华尔道夫饭店的地位。

两个陌生人，一次偶然的相遇，一次力所能及的帮助，却造就了令人惊叹的成功传奇，这既说明了缘分的神奇，也展现了六度分隔理论在现实生活中的魅力。试想如果当年的服务生乔治·波特只是简单地告诉老人其他饭店的地址，而没有真心地付出帮助，绝不可能有后来的神奇结果。缘分天定，更在人为，重要的是只有付出才会有回报。

六度分隔理论揭示了人与人之间存在的必然联系，天道酬勤，只要付出就一定会有收获，即使没有百花争艳，也会绿满庭院。随缘而行，与每一个有缘的陌生人相识、相交、相知，不断积累人脉资源，普通人可能会有意想不到的成功；量力而行，心无所求地尽力帮助每一个相遇的陌生人，社会也会变得更加美好，使普通人生活其中，这何尝不是成功。

六度分隔理论让人明白，一个人和任何陌生人都存在必然联系，一个人要想取得成功，离不开人脉资源。一个人成功是有缘分的，有缘分更要付出，每一个有缘的人，都有可能是我们取得成功的关键，所以，不要轻视任何一个人，也不要疏忽任何一个可以助人的机会，珍惜每一个奇妙的缘分，再神奇的事情也能做成。

做事情不找借口，解决问题找方法

每个成功者在回顾自己的成长历程时，都能总结出不少成功的经验；而每个失败者也能为自己的失败找到很多的原因和借口。失败者与成功者之间有着很多不同之处，其中最明显的可能就是失败者遇事不敢想、不敢干，而成功者则敢想敢干。

若不敢想、不敢干，那么再简单的事情也不可能做成。事情不成功还要千方百计地寻找借口，这样的人距离成功的目标只能越来越远。普通人要想取得成功，像“你也可以约见奥巴马”这样的事情也要敢想，并且充满信心地努力想办法找途径，敢于投入最大的精力去做，那么，最终做到“你和奥巴马有了一次亲密的约会”绝不是天方夜谭的事情。做事情不找借口，解决问题找方法，是每个成功者具备的基本素质。

构建自己的人脉资源网络，当然离不开与人交往。一般而言，很多人对与人交往都有一些莫名的恐惧，特别是与陌生人交往，总是没有勇气，脸皮特薄，不善与别人沟通和交流。其实，每一个人都希望自己能获得朋友，都希望友谊像温暖的阳光一样照耀在自己心上。实际上，只要采取一些简单的方法，就能迅速地结识更多的朋友。

就以与陌生人交往为例，只要巧妙、合理地使用以下技巧，通常能够与陌生人很快成为朋友：

第一，要认真观察身边的陌生人。

看看他们是否有比较特别的地方，如，有异族风情的配饰，或是一款你也非常青睐的手表。谈论这些细节很可能立刻引起陌生人的兴趣。聊天的话题最好节奏感比较轻松明快，开心的一笑会瞬时拉近你与陌生人之间的距离。

第二，要率先伸手，争取主动。

要想让一个人尽快与自己从陌生走向熟悉进而成为朋友，就要首先丢弃你的“冷落”态度，率先发出你对他人的友好信号，因为处于主动地位的人总是比处于被动地位的人容易得到朋友。同时也要克服你的“怯场”心理——怯场心理同样会让你“出手”被动。此时要想到，你在别人面前是陌生的，别人在你面前同样也是陌生的，其心理和你是一样的——渴望得到友谊而又感到有些拘束。在这种情况下，如果你首先积极主动地伸出友谊之手，你就成功了一半。

第三，要面带自然的微笑，沟通感情。

善于交际的人在人际交往中的第一个动作就是表情中的微笑，微笑在人际交往中有亲和的作用。美国著名喜剧大师博格就有一句名言：“笑是人与人之间的最短距离。”香港凤凰卫视的著名主持人吴小莉就是一位人人称道的微笑使者，她常说自己的人生哲学是永远的笑脸。从中我们可以看出，在与对方交谈时，从轻松自然的微笑开始，对方会被你热情的笑所感染，也会自然而然地以热情之心回报给你。

第四，自己要放松情绪，树立信心。

有些人往往会因为怕交际失败而心情紧张，这对成功交际是极其有害的。正确的做法是放松心情，树立信心，大大方方地去交往，比如试着问对方有什么爱好，夸赞对方着装得体等，先引出话题，使交谈进入到一种活泼、愉快、轻松的氛围中。只要做到这一点，对方自然而然会亲近你，认为你是一个随和的人。别人对你有了认同感，你的心情也就自然会更轻松，更有交际成功的信心。

第五，要真诚待人，才能赢得别人的真心。

结交朋友，贵在真诚，它是获得真正友谊不可缺少的一种优秀品质。因为只有真诚，别人才能了解你，才能知道你是否值得结交；也只有付出真诚，别人才能对你真诚，向你袒露自己的心扉。正如一位社交广泛的朋友所说："我在与别人交往时，绝对不会给对方虚伪的言行，因为那种行为别人一看便知，它是一种感觉——感觉到你不真诚，谁还敢与你结交呢？你只有尊重别人，相信别人，别人才能相信你，从而与你交心。"

第六，最好交换一下联系方式，以便进一步交流沟通。

与别人愉快交谈后，如果可能的话，最好留下你的联系地址和电话，为以后进一步深交做准备。因为在交谈时，别人可能时间很紧促，没有更多的时间了解你。这样，即使别人对你有好的第一印象，想与你交往，也可能因心有余但时间不足而"忍痛割爱"，这岂不可惜？而留下联系方式后，就为友谊腾出了一个"周转期"，这样别人如果有意，自然会找个理由问候你。如果对方给你留下了联系方式，你最好是主动问候对方，"节日好！"、"工作好吗？"等问候语会让对方感到"这个人很关心我"，进而认为你是一位值得结交的人。

与熟人交往当然比与陌生人交往相对而言容易一些，但一样需要技巧，如果灵活应用以上与陌生人交往的方法，相信更容易与熟人成为好朋友。

构建自己的人脉资源网络，最重要的是找到并使用与人交往的方法，而不能总为自己不善交友找借口。其实，每个人和陌生人之间的距离都不遥远，而没有能够真正做到从相识、相知，进而相交，所欠缺的只是行动的勇气和行动的策略罢了。

一个人要想获得成功，就必须构建相应的人脉资源网络。而要构建良好高效的人脉资源网络，不论是网络的拓展还是维护，只要不找借口找办法，任何人都能把这项工作做好；即使出现问题，只要找对了方法，再复杂的人际关系问题也能解决好。关键是做事情不找借口，解决问题找方法。

路靠自己走，交往不减自立

一个人要想获得成功，离不开人脉资源，丰厚且高效的人脉资源网络是一个人获取成功最有力的助推器；但人脉资源再重要，作为一个普通人更应明白，要想取得成功必须要自立、自强、自信。只有自立才能立足社会，自主选择自己成长的道路；只有自强才能不断提高自己的能力，在事业发展中不断取得进步；只有自信才能勇往直前，不断克服困难最终取得事业的成功。

任何人的成功都要从自身做起，唯有先自立而后才能敢想敢干，进而不断克服困难，最终成就事业获得成功。一个人的成功要靠自己努力争取，人脉资源只是取得成功的重要辅助因素，而绝不可能是决定因素。能否获得成功的决定权掌握在每个人自己手中。路靠自己走，交往不减自立，人的命运由自己把握，只有自立才能掌控自己的命运，才能赢得别人的尊重和帮助，才有可能最终获得成功。

当然，将自立理解为完全拒绝别人的帮助，也是一个错误的观点。当今世界科技高速发展，社会分工越来越细，一个人如果没有他人的服务、合作和帮助，即使是生存都可能会十分艰难，想仅靠单打独斗就能获得成功是不可能的。一个人要成功就要自立，而要自立更离不开他人的合作与帮助，世界上没有人能够独自成功，任何人的成功都离不开与他人的合作，而合作的人就是一个人争取成功的人脉资源。

其实，依靠人脉资源的帮助，与一个人自强、自立并不矛盾；恰恰相反，两者具有相辅相成的作用，相互推进，往往更有利于获得成功。

小刘是一位青年演员，英俊潇洒，很有天赋，演技也很好，已经崭露头角。但他毕竟是刚刚入行，又没有太多积蓄，因没有钱而错过了很多机会。平时既要学习表演，又要联系剧组，常常感到力不从心，他非常需要公关公司为他打理表演之外的琐事，以便更好地提高自己；但规模实力强大的公关公司对他并不看好，所以也没有与他签约。

小张曾经在国内一家比较有实力的公关公司工作多年，她不仅熟知业务，而且也有较好的人缘。几个月前，她自己开办了一家公关公司，并希望最终能够打入有利可图的公共娱乐领域。但是让她烦恼的是，到目前为止，一些比较出名的演员、歌手、夜总会的表演者都不愿与她合作，她的生意主要还只是靠一些小买卖和零售商店。

后来，经朋友介绍，小刘认识了小张，两人一拍即合，立即联手。小刘成为小张新公司的代理人，而她则为他提供出头露面所需的经费。这样，小刘不仅不必为自己的知名度花钱，而且随着名声的扩大，也使自己在业务活动中处于一种更有利的地位。而小张也借助小刘的名气而出名了，很快就有一些有名望的人找上门来。二人各取所需，合作达到了最高境界，他们的关系也因此变得更加牢固。

人脉资源是一个人获得成功的重要资源，要成功就必须要有相应的人脉资源。美国斯坦福研究中心曾经发表一份调查报告指出：一个人赚的钱，12.5%来自知识，87.5%来自关系。这里的关系指人际关系，有关系的人就是我们所说的人脉资源。被称为人脉资源的人，绝不是“你认识对方、对方也认识你”这种层次的关系，而是对一个人克服困难、成就事业能够发挥有益作用的高层次的关系，人们常说的朋友关系、合作关系都是这种关系。

有这种高层次关系的人，其本身不仅具有很高的价值，而且通过合作，能够为双方创造出更高的价值，因此才被称作为“资源”。人脉只是体现为人际关系，而人脉资源不仅仅体现为人际关系，还是一种潜在的无形资产，一种潜在的财富。没有人脉资源，仅靠一个人的能力，很难创造出更多的财富，只有汇集更多人的力量，形成合力才能取得更大的成功。

中国历史上，刘邦、项羽都是很有能力的人，如果单就个人能力而言，项羽更胜一筹，刘邦虽也有斩蛇起事之举，但毕竟出身低微，能力稍逊。楚汉相争的结果却是刘邦得胜，项羽败亡，原因就在于人脉资源方面。项羽力能举鼎，却不会为人，不会用人，人脉资源不仅作用效能低下，而且流失严重；反观刘邦虽文不能书，武不能战，却会做人，会用人，从起事时的萧何、樊哙，到后来的张良、陈平、韩信，甚至连项羽的宗亲长辈项伯，都能成为他的人脉资源，为刘邦从鸿门宴全身而退发挥了关键作用，直至最后刘邦夺取天下以后，他最不喜欢的人雍齿也得到了封赏。刘邦的人脉资源不仅丰厚，而且效用巨大，从而奠定了大汉王朝800年的基业。人脉资源的作用由此可见一斑。

人脉资源对任何人的成功都有巨大的作用，要成功就必须有相应的人脉资源。一个人能力再强，要取得事业的成功，都离不开别人的合作与帮助。同时，一个人要成就一番事业，没有自立、自强、自信的精神，也绝不可能做到，成功者首先必须是一个自立的人，没有自立精神和自立作为，再简单的事情也做不好，更别说成就事业了。

人的命运掌握在每个人自己手中，能否自立才是一个人能否取得成功的决定因素。路靠自己走，交往不减自立，唯有自立的人，敢想敢干才能成就一番事业，最终获得成功。

人脉是风险最低、回报最大的投资

人生在世，每个人都会有一些固有的人脉，比如父母、亲戚这样的血缘人脉，还有就是随着每个人的生活、成长而形成的人脉，像在居住地域形成的人脉，共同学习而产生的人脉，等等。人脉人人都有，但一般的人脉只是你与他人有类似认识或“只是知道”这样低层次的联系，而如何把一般的人脉转化成高层次的人脉资源，做到与他人相知、相交，进而通过相互合作成就一番事业，才是最重要的。

只有经营人脉，才能将一般的人脉转化为帮助我们获得成功的人脉资源。经营就必然要有投资，而投资就要考虑风险与回报。当今社会，不论是投资股市还是投资生产、贸易领域，经济危机、通货膨胀等不确定因素，使任何投资都存在风险大、回报低的问题，与之相比，经营人脉从来都是风险最低、回报最大的投资。

经营人脉之所以是风险最低、回报最大的投资，是因为与一般的原料、商品等生产资源相比，人脉资源具有很明显的特殊性，它与通常所说的人力资源有很多相同之处，即每个人都具有思考和创造能力，不仅自身具有价值，而且可以创造出更高的价值。而人力资源与人脉资源的不同，类似于网络中的节点与终端的区别，人力资源就像网络的终端，主要的作用是接收信息；而人脉资源则像网络中的节点，是一个信息枢纽，不仅有接收作用，而且有中转、发布的作用，两者的价值是不同的，人脉资源的价值远远高于人力资源的价值。人脉资源的拓展和人脉资源网络的维护是经营人脉的重要工作，其中，人脉资源网络的维护工作，就包括将人力资源转变为人脉资源，使其发挥更大作用的意思。

晚清最成功的商人胡雪岩，可以说是“经营人脉是风险最低、回报最大的投资”这句话最好的佐证。胡雪岩经营人脉的第一个投资对象是落魄文人王有龄，胡雪岩——一个年纪轻轻的钱庄小伙计眼光长远，冒着巨大的风险，私下支取钱庄的资金，重金资助落魄文人王有龄去谋取官职。后来，胡雪岩的发迹，很大程度上是出于王有龄的报恩，其生意的不断成功也与王有龄的精诚合作分不开。胡雪岩经营人脉的投资对象除了王有龄，后来还有黄宗汉、何桂清以及关键人物左宗棠。

这些人在胡雪岩的发迹、成功和鼎盛的各个阶段都发挥着决定作用，没有对这些官场人脉的投资，胡雪岩即使有天大的本事、再高的声誉也不可能有他后来的成就。不仅胡雪岩如此，如果深入探寻，可以说每一个成功者，都通过经营人脉获得了丰厚的回报。

一个人要想获得成功，必须要经营人脉，只有投资才能获得回报，才能建立起丰厚而高效的人脉资源，人脉资源越丰厚，一个人的能量也就越大。别人办不了的事情，自己可能一个电话就解决；而自己费了九牛二虎之力都解决不了的问题，别人可能轻松地搞定。

当前，一提到经营人脉，很多人立即就会联想到花钱请客，而且把请客吃饭、跳舞唱歌当成经营人脉的唯一手段。其实，经营人脉的投资有很多种，金钱开道恰恰是最下乘的方式。人都是有思维、有感情的，一句真心的问候、一个力所能及的帮助都是在经营人脉，也往往能获得靠金钱无法得到的回报。

一个人对自身进行投资，不断提高自己的专业水平和能力，也可以称为是在经营人脉，只有自身价值提高了，才能更好地做成事情，创造更高的价值；自己的专业能力越强，就越能更好地帮助别人，越能吸引有能力的人成为朋友，共同合作成就一番事业。

就像人们常说的，一个人能否成功，不仅要看他的能力多强，还要看他与什么样的人交往，和什么人交朋友。一个人的专业水平既可以通过花钱培训得到提高，也可以通过请教同事，或者在帮助别人解决问题中得到提高。而一个人为人处世的社会经验和能力，则是花钱也难以学到的。经营人脉要与自身的真才实学相辅相成，要想博得客户、上司、同事、朋友的信任，一个人的能力是基础，并以此来构建人脉资源网络，效果才会更明显。

对人脉资源的拓展和对人脉资源网络的维护进行投资，是经营人脉的重点，只有不断加强这两方面的工作，人脉资源才能不断丰厚而且发挥积极作用，才能真正成为一个人取得成功最有力的助推器。不论是人脉资源的拓展，还是人脉资源网络的维护，都不能只讲利益，而更要注重真诚待人。当今社会，一个人要想赢得别人的真心相待，不可能一蹴而就，要经过长期努力，因此，经营人脉是一项长期的投资，人脉资源绝不是可以快速累积的资源。

一个人要想取得成功，离不开人脉资源。就拿“你也可以约见奥巴马”这个命题来说，六度分隔理论表明，这是完全可能的事，如果做好经营人脉工作，任何人都能做到。一条途径是不断拓展并维护好自己的人脉资源网络，不断投资使其范围更广、作用更大，最终一定能够实现“与奥巴马取得联系”。另一条途径是不断提高自己的能力。尽管他是美国总统，奥巴马仍然是一个人，他同样会遇到困难和不能解决的问题，如果奥巴马知道除你之外，没有人可以解决，那么“你和奥巴马有了一次亲密约会”的日子还会远吗？

总之，一个人只要经营人脉就会有收获，这两条构建人脉资源网络的途径，不论是投资哪一条还是同时进行，都会是风险最低、回报最大的投资。

绘制一张人脉关系网络图

绘制一张内容翔实、条理清晰的人脉资源网络图，是一个人做好经营人脉工作，争取早日获得成功必不可少的准备工作。人脉资源对一个人能否取得成功的重要性不言而喻，正如一位成功的商人曾经说过："经营人脉像播种一样，播种越早，收获越早；撒下的种子越多，收获也越多。"

一个人要想获得成功，就要充分利用所能掌握的各种资源，特别是人脉资源。俗话说："凡事预则立，不预则废。"如果能尽早绘制一张人脉资源网络图，明晰自己人脉资源中每个人的能力和作用，不仅能使自己的人脉资源在关键时刻真正发挥作用，而且能使自己有条不紊地做好人脉资源的拓展和维护。

要构建丰厚而高效的人脉资源网络，就要做好人脉资源的拓展和人脉资源网络的维护工作，只有不断拓展，人脉资源才能逐步丰厚；只有做好维护，人脉资源才能充分发挥作用。众所周知，与人交往、处理人际关系是非常复杂的事情，当今世界人口超过 60 亿，人与人之间不仅存在种族和国籍差异，语言和风俗差异也巨大，而且还有生长环境不同、接受的教育不同、脾气秉性不同这样的差异，所以要想真正做到相知、相交，成为朋友和合作伙伴，可能会遇到很多问题。人是万物之灵，不仅有意识、有感情，而且会思考、能创造，因此，一个人要想经营好人脉，就要对这项工作的复杂性和艰巨性具有清醒的认识。

绘制一张内容翔实、条理清晰的人脉资源网络图，对经营好人脉具有非常重要的作用。有了人脉资源网络图，才能对自己的能力和掌握的人脉资源有一个客观而清醒的认识；有了人脉资源网络图，才能尽早发现自己人脉资源的不足，有目的地做好人脉资源的拓展；有了人脉资源网络图，才能避免疏漏，做好人脉资源的维护，有效发挥人脉资源的作用。

生活中，很多人都会遇到这样的情况，随着一个人的成长，认识的人、结交的朋友会越来越多。但一遇到紧急情况、突发事件，往往手忙脚乱，不是想不到有能力解决问题的人，就是忘了电话联系不到人，常常因此耽误时间，以至于造成不必要的损失。一个人的能力再强、记性再好，但朋友多了也难免有所疏漏，往往很小的疏忽也可能使朋友失和，不仅难以挽回，还常常带来难以预料的结果。对于这样的问题，如果能绘制一张人脉资源网络图，应该是很容易避免的。

绘制一张内容翔实、条理清晰的人脉资源网络图，可以使人脉资源一目了然，也才能随时检阅自己的人脉资源，有目的地拓展人脉资源，有条不紊地维护好人脉资源，加深与朋友的感情。

人脉资源网络图绝不是一个简单的通信录，内容不仅要有朋友的能力，还要有朋友的自身情况、习惯、特点，联系方式中的手机、固话不能少，E-mail、QQ、MSN 等实时联系方式更重要，总之，项目、内容越多越详尽越好。绘制一张内容翔实、条理清晰的人脉资源网络图，需要细心、耐心，更要有恒心，只有不断积累，才能真正做好经营人脉工作。

精心绘制人脉资源网络图，其实是对人脉资源的有效整合。人脉资源包含很多内容，比如根据动态变化状态，可以分为现在时人脉资源和将来时人脉资源等；根据所起作用的不同，可以分为政府人脉资源、金融人脉资源、行业人脉资源、技术人脉资源、思想智慧人脉资源、媒体人脉资源、客户人脉资源，等等；按层次划分，可分为高层人脉资源（如老板、上司）、低层人脉资源（如同事、下属）等；根据重要程度的不同，还可以分为核心层人脉资源、紧密层人脉资源、松散备用层人脉资源。

一个人的精力、时间是有限的，通过人脉资源网络图来合理、巧妙地进行安排，与朋友保持适当的联系是最重要的。要根据朋友的不同情况，制定出不同的联系方式和频率。对自己职业和事业能起到核心、关键、重要、决定作用的核心人脉资源，如顶头上司、公司老板、关键同事和下属、对公司业务和自身业绩有重大影响的重要客户，以及其他可能影响职业与事业发展的重要人物等，要采取多种方式保持高频率联系；对其他部门的领导、同事、非重点客户、关系较好的同学和朋友，要用最快捷的方式保持经常联系；除此以外的其他人脉资源，通过偶尔打个电话、寄张明信片等方式，做到保持联系就可以了。

当今职场中，越来越多的人认识到了绘制一张人脉资源网络图的重要性，不但早已着手绘制，并已经感受到人脉资源网络图的好处。一些职场有心人将名片、通信录中的人脉资源画在了地图上，在一张标准的中国地图上，将有朋友的城市画个圈；而在另一张附表上，先以省做大划分，然后再按城市进行编辑，在每个朋友的人名后，添加上联系方式。

如此一来，不仅能一眼看清人脉关系在全国各地的分布状况，而且能从中发现不足，规划今后努力的方向。对已有的人脉资源，通过定期进行整理，联系起来也得心应手，还解决了过去查找不便的问题。还有人按行业绘制人脉资源网络图，对产品已经覆盖的行业，在图下面的栏目内标明相应的人脉关系情况；而空白的没有覆盖的行业，随时提醒自己去挖掘和逐步完善。通过每个月对这张图的整理，看到不断丰富的内容，对自己努力所获得的成功，不仅高兴而且更加自豪，干工作也更充满了自信。

经营人脉需要细心、耐心和恒心，积累人脉资源是一项长期、复杂的工作，任何人都不可能一蹴而就，而绘制一张人脉资源网络图，是经营好人脉必不可少的准备。俗话说："磨刀不误砍柴工。"只要提早做好充分准备，明确目标并付出努力，任何人都有可能获得成功。

积极参加各种社团

现代社会，人脉资源越丰厚，对一个人的成功帮助就越大；而越早经营人脉，从人脉资源中获得的回报也越丰厚。如果说绘制一张人脉资源网络图是经营好人脉必不可少的准备，那么接下来最重要的就是按图索骥，着手建立自己的人脉资源网络。

积累人脉资源的重要途径有两条：一是从亲戚、朋友等熟人入手；二是从不太熟悉的人或陌生人入手。在日常生活、工作中，一个人接触的不太熟悉的人或陌生人远远多于亲戚、朋友，要想与陌生人轻松、自然地交流并成为朋友，不仅需要掌握一些与陌生人交往的方法、技巧，更要有相应的环境和氛围。科技的高速发展，使人与人交往的渠道、方式不断增多，在互联网中就有着名目繁多的虚拟社区、团队、圈子；但相比较而言，与陌生人相识、相知、相交，进而成为朋友，最有效的还是面对面的交流。

当今社会，通常在各种社团中可以营造出与陌生人面对面轻松、自然交流的环境和氛围，很多人也正是通过各种社团活动，扩大了自己交往的范围，与社团中的曾经的陌生人成为朋友，从而积累了人脉资源。因此，要想与更多的陌生人交朋友以积累自己的人脉资源，就应该积极参加各种社团。

通过积极参加各种社团，在社团活动中与不太熟悉的人或陌生人成为朋友，是一个人不断积累人脉资源的重要手段。前美国总统小布什，也曾靠着这种方法来积累人脉资源。

从政一直是小布什的理想。1965 年，小布什进入耶鲁大学达文波特学院学习。他注意到达文波特学院有一个叫做 DKE 联谊会的社团非常有名，社团活动中经常有大人物出席，小布什觉得，加入这样的社团能够结识更多的人，有助于实现他的政治理想。但要想进入 DKE 联谊会，首先要申请加入达文波特学院的学生会，这样才可以有更多的机会参加 DKE 联谊会的活动。大学的学生会其实也是一个社团，为了参加社团，小布什做了很多准备，他在入学后的最短时间内记住同学的名字，而且经常在球场、走廊、教室甚至浴室等一切可能的场所与更多的人结识，他的主动和诚恳给很多人留下了深刻印象。最终在选拔新人参加学生会的会议上，小布什叫出了教室中全部 54 个人的名字，令包括几位学生会负责人在内的人佩服得五体投地，从而顺利进入学生会，也因此有了更多参加 DKE 联谊会活动的机会。

小布什在学生会和社团组织里的锻炼，为日后成功当选美国总统打下了良好的基础。据统计，在他当选美国第 43 任总统的选票中，就有相当大的部分是他在耶鲁和哈佛的校友以及他参加的各种社团中的朋友所带来的，以至于有人笑称，如果一个人能叫得出大学校园里三分之一人的名字，那他也可以去竞选美国总统。

新当选的美国总统奥巴马也同样是很多社团中的活跃分子。虽说与美国不同，其实，我们每个人可以参加的团体也很多，积极参加像同乡会、联谊会这样的组织，同样有机会认识更多陌生人，有助于从中积累人脉资源。

社会中，陌生人之间都有一种互相防范的心理，一个人如果太主动亲近陌生人，则很容易遭到拒绝。但是参与社团活动，通过社团的公益活动和休闲活动，与陌生人交朋友会更顺利，因为在自然状态下有助于建立情感和信任，毕竟每个人都有交往的需求。当然，通过积极参加各种社团，在社团活动中与陌生人交友积累人脉资源，也有很多方面需要认真把握。

第一，对参加什么样的社团要有所选择。社会中有很多种社团，有的是商业联谊，有的是专业交流，有的则是纯粹的学习。面对林林总总的社团，不仅要选好，还要研究如何搭配对自己有利；如果没有选择，则很可能浪费精力而收效不大。参加好的社团不仅能够舒压、自我成长、增长见识、互相帮助，更重要的是，用有限的时间，把握好与人相处的诀窍，就能以最小的投入，聚集、获得更多的人脉资源。

第二，参加社团活动不能投机取巧、急功近利。社团中各式各样性格的人都有，与人交往贵在真心，有的人特别是业务人员，参加社团只是想借着认识人做生意，这样的人是不可能在社团中交到朋友的。社团是讲究和谐的地方，参加社团最重要的是结交朋友而不是做生意，即使做生意也要建立在“我可以替你做些什么”的基础上，而不能是“你可以帮我一个忙吗?”做生意的前提是信任而不是认识。通过参加社团活动来经营人脉，重要的是相知、相交，而不是相识。

第三，如果参加社团，最好能成为一个组织者，这样才能得到服务他人的机会，在为他人服务的过程中，自然就增加了与他人联系、交流的机会，与别人有时间交流才更容易交到朋友，人脉资源也就能自然而然地积累起来。培育人脉资源必须长时间耕耘，参加社团活动，服务他人才能赢得别人的信任，建立在相互信任的基础上，人脉资源才开始产生作用，使得双方都得到回报。

构建人脉资源网络是一门学问，要做好就需要掌握一定的技巧。认识尽可能多的陌生人，与陌生人相知、相交成为朋友和合作伙伴，是积累人脉资源的重要途径。在现实社会中，通过参加各种社团，在社团自然、轻松的氛围中与陌生人交往，效果远远好于其他方式，也更容易做到彼此相互信任。因此，如果能够积极参加各种社团，在社团活动中经营人脉，对人脉资源的积累作用巨大。

朋友的朋友是朋友

世界上，每一个人都不可能只有一个朋友，即使是居同室、食同桌这样要好的朋友，也不可能认识自己朋友的所有朋友。生活中，两个从未谋面的陌生人，在闲聊中发现有一个或几个相同的朋友，这样的事情很多人都遇到过。每一个朋友都值得我们珍惜，每一个朋友也都是可以深入开发的宝贵资源，让朋友的朋友成为自己的朋友，进而转化成自己的人脉资源，是构建丰厚而高效的人脉资源的重要手段。

六度分隔理论揭示了朋友的朋友是朋友具有倍增效应的神奇，以朋友为纽带，通过朋友、朋友的朋友，你可以和世界上任何一个人取得联系，即使他是美国总统奥巴马，你也可以通过朋友约见他，而只有真正做到朋友的朋友是朋友，“你和奥巴马有了一次亲密的约会”的日子才不会遥远。朋友的朋友是朋友，以此构建的人脉资源网络，将会在一个人争取成功的过程中发挥无法取代的作用，成为他取得成功的最重要的助推器。

从自己现有的人脉资源入手，将朋友的朋友变成朋友，从而转换为自己的人脉资源，是人脉资源拓展和人脉资源网络维护这两项工作的有机结合，这就是通常所说的人脉资源的深度开发。在构建人脉资源网络过程中，人脉资源的深度开发，不论对人脉资源的积累，还是对人脉资源的维护，都能够起到事半功倍的作用。

通常，每当谈到怎样才能使人脉资源更丰厚时，多数人首先会将眼光向外盯紧陌生人，思考如何做好与陌生人交往的问题；而对于像自己的朋友这样已有的人脉资源，想得更多的是如何做好人脉资源的维护工作，保持、加深与朋友的联系，以便在需要时更好地发挥应有的作用。正是很多人这种将人脉资源的拓展与人脉资源网络的维护完全割裂开来的想法和做法，阻碍了自己人脉资源网络的建设和发展。

人脉资源是一种特殊的资源，它不会像一般的资源那样，开发利用后其价值就转移到新的产品或成果中，人脉资源可以多次利用、深度开发，不仅能够创造出价值，而且其自身价值也会不断提高。对人脉资源进行深度开发，是构建丰厚而高效人脉资源网络的重要手段。

朋友的朋友是朋友，很多成功者由此明白了人脉资源深度开发的重要性，并凭借这种方法取得了巨大成功，享誉美国的寿险推销大师甘道夫就是其中之一。甘道夫年轻时曾向一位成功人士讨教经验，那位成功人士告诉他说："每当遇到我的客户时，我都向他们说，我需要您的帮助，请您给我介绍 3 个您的朋友的名字好吗？很多人都会答应帮忙，因为对他们来说这只是举手之劳，而我也因此拥有了越来越多的客户资源。"相互信任才能成为朋友，相互信任缩短了人与人之间的心理距离，可以降低交往成本，提高合作成功的概率。

甘道夫按照那位成功人士的经验，不断地复制"3"的倍数，数年之后，他的客户也像滚雪球一样越滚越多，通过真诚的交往和不懈的努力，他终于成为美国历史上第一位一年内销售超过 10 亿美元寿险的成功人士。

从已有的人脉资源入手，通过深度开发，做到朋友的朋友是朋友，是构建人脉资源网络的捷径。朋友之间的信任是相互的，正是由于有相同的朋友作为纽带，使信任得以转达，我们与朋友的朋友成为朋友才更容易，相互信任是"朋友的朋友是朋友"能产生类似几何指数般倍增效应的根本原因。人脉资源的深度开发是对人脉资源网络最好的维护，可以加强与已有朋友的联系，更好地发挥人脉资源的作用。对于人脉资源的拓展和积累，很多人往往更看重陌生人，而忽略了自己已有的朋友。每一个朋友都是宝贵的人脉资源，是最不应忽略的财富，通过人脉资源的深度开发，朋友的朋友很容易转化成自己的人脉资源，而且还可以继续开发。

虽然有共同的朋友这个纽带，毕竟我们对朋友的朋友大多不太了解，要想真正做好人脉资源的深度开发工作，同样需要掌握技巧和方法。

第一，要把握机会、创造条件，与朋友的朋友相识。每当有诸如联谊会、沙龙聚会、公司庆典等活动，如果条件允许，不仅要告诉朋友参加，还可以邀请他带朋友一起过来；当朋友邀请我们参加聚会时，如果有时间一定要去。通常在非正式的、轻松的环境中，认识朋友的朋友的机会越多，也更容易与朋友的朋友成为朋友。

第二，必须充分发挥朋友的作用。与朋友的朋友认识后，不仅要主动介绍自己，还要通过朋友了解其爱好、特点等情况，以便更好地交往。

第三，与朋友的朋友交往更要用心。与朋友交往需要主动和热心，与朋友的朋友交往更要如此；否则，不仅与朋友的朋友不能成为朋友，反而原有的朋友也可能交恶。

总之，可以利用的方法、技巧很多，需要每个人在实践中不断学习、探索，才能真正做好人脉资源的深度开发。

朋友是人一生中巨大的财富。生活中，我们不能缺少朋友，离开了朋友，遇事难免无助；工作中，以同事为朋友，更有益于工作开展，取得更好的成绩。人脉资源的核心是朋友，不论是拓展、积累人脉，还是人脉资源的维护，都要围绕朋友进行。从朋友入手，对人脉资源进行深度开发，做到朋友的朋友是朋友，是构建丰厚而高效人脉资源网络最有效的方法和途径。

第 2 章

你凭什么约见奥巴马：知己，才能找到知己

在盘点人脉关系前，冷静问问自己：你对别人有用吗？你越有用，就越容易构建有效的人脉资源网络，这便是现实的准则。如若你在天平一边，你的朋友在另一边，你有多重，他就会有多重；你有多少价值，他便有多少价值。所以你要做的是先提高自己的价值，准确定位自己，才能找到一个具有同样价值的朋友。先知己，才能耳聪目明。

增加自己“被利用”的价值

在人类历史上，没有能力的人一定不会是成功者，有能力的人不一定都能取得成功，而成功者一定是有能力的人。能力是一个人生存、发展乃至成就一番事业的基础；没有能力，一切都无从谈起。每个人都具有与众不同的能力，任何人都有可能获得成功。人的能力既包括专业技能等工作能力，也包括为人处世的社会能力，其实它是一项综合指标。

当今社会，往往用价值的高低来评价一个人能力的强弱。通常情况下，人的价值与能力具有相关效应，即一个人的能力弱，其价值就低；一个人的价值较高，相应的，其能力也较强。成功者就是实现自己人生价值的人，而一个人的人生价值往往由其能力决定，人的能力越强，人生价值就越高，也越有可能获得成功。

人脉资源网络的建设同样以人的能力为基础。不论是人脉资源的拓展，还是人脉资源网络的维护，要想做好人脉的经营工作，就需要具有很强的能力。人际交往中，经常用被利用的价值高低来评价一个人能力的强弱，一个人被利用的价值与能力具有相关效应，如有的人能力很强，被利用的价值也较高；但也常出现背离现象，即有的人能力很强，但被利用的价值却很低；还有的人能力虽不强，但被利用的价值却可能很高。

人世间的任何成功都是很多人共同努力的结果，不论是引领别人还是在别人的带领下，一个人要想取得成功，都离不开与他人合作，因此一个人不仅要有很强的能力，而且其被利用的价值也要高。就拿“你也可以约见奥巴马”这件事情为例，如果没有能力，自然不会有被利用的价值，那么你可能连向奥巴马传递这个口信的人都找不到；你的能力不强，被利用的价值也不高，往往很难赢得别人的帮助，即使能联系上奥巴马，相信拒绝与你见面的可能性更大。相反，如果你具有的一些能力比奥巴马强，他有些解决不了的问题，除了你没有人能解决，无疑你被利用的价值很高，那样奥巴马可能会主动约你见面。做好人脉经营工作，一个人的能力不可或缺，而被利用的价值更加重要。

充分挖掘自己的潜力，对提高个人的能力至关重要。自信心是有效提高个人能力的关键，每个人都具有无限的潜力，而只有对自己充满信心，才能充分挖掘自己的潜力。没有自信心，任何人都不可能获得成功。曾经有一个很著名的培训，生动展示了自信心对挖掘人体潜力、提高个人能力的重要作用。

安东尼•罗宾斯在他的培训课程上，让学员们尝试在很多人看来简直是不可能的、犹如特异功能般的技艺——赤足走过烧红的火炭。大多数人由于不了解人体的机能，不相信自己具有可以赤足走过烧红的火炭而不会受到伤害的潜能，因此常常畏缩不前。其实，人体有自我保护机能和很高的承受极限，只要稍加训练，几乎任何人都可以赤足走过烧红的火炭而不受到伤害。那些接受安东尼•罗宾斯短期训练最终做成此事的人，其自信心都会空前高涨，观念都发生了重大变化，不少人从这个培训中受益而实现了自己的人生目标，其中就包括克林顿、曼德拉以及网坛名将阿加西等人。对自己充满信心，充分挖掘自己的潜力，往往能有效提升一个人的能力；相反，没有自信心也会使人受自我观念的局限，阻碍自身能力的提高，最终只能流于平庸。

一个人能够做到知己，对提高自身能力也很重要。世界上没有两片完全相同的树叶，更不可能有完全相同的人，每个人都有不同于他人的能力，只有知己才能清楚自己欠缺什么能力，从而有目的、高效率地提高自身的能力。当前，与提高个人能力有关的培训、讲座很多，如果能有选择地参加，的确能收到一定效果。

其实，在生活、工作中用心体会、反复实践是一个人提高自身能力的有效途径，现实社会是最大的学校，从这所学校获得的各种能力，远比从书本上学到的实用而全面。当然，学习专业知识和参加各种培训，对提高专业水平会有一定作用，但唯有学以致用才能真正提高一个人的能力。另外，通过网络寻找一些对提高自己能力有用的信息，类似这样的渠道也应给予一定的重视。

一个人如果能力提高了，其自身价值也会相应提高，而要想做好人脉经营工作，还必须不断增加自己被利用的价值。人脉经营最基本的原则和策略是合作互利，人际交往中，一个人要善于将自己的能力转变成“可利用的价值”，并利用一切渠道和机会向别人广泛传递，这样才能展示自己的价值，而当自己的能力被别人利用，帮助别人解决了问题或合作创造出了更高的价值时，能力才会真正成为被利用的价值。

长此以往，在人脉资源网络中，不仅自己的价值越来越高，有利于结交更好、更有价值的朋友，而且自己越有能力，被利用的价值也会越高，也越有利于与更多的朋友形成合作互利的关系，使之成为自己更有效、更稳固的人脉资源，彼此传递更多的价值，促成更多信息和价值的交流，为实现自己的人生价值创造出更多的机会。

充分挖掘自己的潜力，才能不断提高自身的能力和价值；努力成为对别人有用的人，才能增加自己被利用的价值。这两方面同行并举、相得益彰，是做好人脉经营的关键，而以此为基础构建丰厚而高效的人脉资源网络，就能为自己的成功提供强大助力。

成为别人可以信赖的人

诚实守信是一个人必须具备的基本素质，不论是为人还是处世都要有诚信。人脉资源网络的建设，同样离不开诚实守信。合作互利是人际交往的基本原则，诚实守信的人才能真心实意地帮助别人，而每个人都会愿意帮助诚实守信的人；没有诚信不可能助人，更不可能有人帮助。

一个人如果没有能力，其人脉资源无异于海市蜃楼般虚无缥缈；一个人如果没有诚信，其人脉资源必将是无源之水而终将枯竭。人际交往中，只有诚实守信，才能结交更多的朋友，为成功赢得更多的机会。因此，为了构建丰厚而高效的人脉资源网络，就必须成为别人可以信任的人。

当今社会，信用的作用越来越重要，在经济领域，依靠银行贷款使企业高速发展的案例不胜枚举；同时，也有不少企业因资金短缺且得不到银行贷款，贻误了发展良机，甚至可能最终导致破产倒闭。对个人而言，信用已经成为一个人的无形资产，一个人有信用就可以从银行贷款；信用等级越高，获得贷款的额度越大。银行发放贷款，不论对企业还是个人，信用等级无疑是很重要的因素。而信用从何而来？俗话说：要取信于人必须以诚相待，唯有诚信才能建立信用。

古今中外的仁人、先贤历来非常重视诚信二字。孔子就曾说："与朋友交，言而有信。""人而无信，不知其可也。"我国历史上有个著名的故事，曾子的儿子幼时曾经有一次吵闹不休，曾妻随口对儿子说："等你父亲回来，杀猪给你吃。"曾子回家听到妻子告诉他这件事后，立刻就持刀把猪杀了炖肉给儿子吃。这个故事不仅告诉我们，诚信要从小培养，更提醒着每个人，诚信不分老幼，对任何人都要诚实守信。

构建人脉资源网络，不论是人脉资源的拓展，还是人脉资源网络的维护，都要建立在诚信的基础上。诚实守信事关人的品德，是做人的本分，一个人只有树立有信用、负责任的形象，才能吸引更多的人与之交往，拓展自己的人脉资源。与别人成为朋友，并转化成自己的人脉，首先要对自己诚信，做任何事情都不能自欺欺人，要做就一定要全力以赴，否则只会因半途而废而一事无成。与人交往，答应别人的事情，有能力做好却最终大打折扣，就是言而无信，以致使自身价值大大降低；没有价值怎能赢得别人的信赖，人脉资源不会增加只可能缩水，也不会为一个人的成长提供任何助力。

对于朋友这样已有的人脉资源，更应切记诚实守信的原则，没有诚信会失去朋友的信任，只有诚信才能赢得朋友的认可和帮助。与朋友交往中，对于诸如约会迟到、借少量金钱忘还这样的事情，很多人认为是小事一桩，不大介意，更有甚者连打电话告诉对方都嫌麻烦，或毫无愧意地找借口为自己开脱。类似借钱忘还这样的小事绝不是无关紧要的小节，而是影响个人信誉和人际关系的大问题。一个人切记认真对待与朋友交往中的每一件小事，绝不可疏忽大意、因小失大；否则，这样的小事一而再、再而三地发生，再好的朋友都会失去信任，到最后就会落得在真正需要帮助的时候，根本没有人相信自己，更别说伸出援手来了。

在人际交往中有诚信、负责任是赢得别人信任的关键。诚实守信是人际关系的基石，诚信是双向的、相互的。对个人而言，在人际交往中，只考虑自己应该找可以信赖的人合作，却没有想到对方是否信赖你，这样一厢情愿的信赖关系不可能支撑起良好的人脉关系。可以信赖的朋友不能靠眼睛寻找，必须从自我做起，让自己在任何情况下都是一个值得信赖的人。

有被欺骗吃亏上当的经历后就不再相信别人，对人不以诚信相待，这样，就不可能确立诚实守信的价值。对任何人都要从内心做到信赖别人，进而使对方也确立信赖自己的价值。

一个人没有诚信，不仅害人，更会害己，而且往往是两败俱伤，最典型的例子莫过于《郁离子》中记载的一个人因失信而丧生的故事。济阳有个商人过河时船沉了，他大声呼救。有个渔夫闻声而至，商人急忙喊："我是大富翁，你若能救我，给你 100 两金子"。待被救上岸后，商人却翻脸不认账了，只给了渔夫 10 两金子。渔夫责怪他不守信，出尔反尔。富翁说："你一个打鱼的，一生都挣不了几个钱，得 10 两金子还不满足。"渔夫只得怏怏而去。不料后来那富翁又一次在原地翻船大呼救命。那个曾救过富翁的渔夫却对欲救之人说："他就是那个说话不算数的人。"于是，在无人搭救之下商人淹死了。商人两次翻船而遇同一渔夫是偶然的，其不守诚信最终溺死却是必然，而渔夫前后不同的行为也难逃见利忘义之嫌，声名同样狼藉。

真正做到诚实守信的人，不仅自己有诚信、负责任，还要让自己周围的人同样树立诚信的形象，这才是人际交往的良好氛围。以诚实守信构建的人脉资源网络，不仅自己会实现自己的人生价值，还可能引领更多的人取得成功。

当你向别人提出想约见奥巴马，而别人完全有能力做到时，如果你是一个没有诚信的人，他会向奥巴马传递这个口信吗？你有诚信、负责任，连奥巴马都知道你是一个可以信赖的人，"你与奥巴马有了一次亲密的约会"会很困难吗？相信大多数人都会有相同的回答。

对朋友不要预设立场

一个人要想获得成功，就必须拥有相匹配的人脉资源网络，而构建丰厚而高效的人脉资源网络，不仅需要认识的人多，而且各行各业、拥有不同能力的人都要兼收并蓄。每个人都有与众不同之处，人生活的环境不同，脾气、秉性各有差异，接受的教育也不一样，因此不同的人往往具有不同的能力。

社会高速发展，社会分工越来越细，无论是要做成一件事，还是要成就一番事业，都需要具有不同能力的人共同参与，通过合作才能完成。与人交往切记不能太过功利，对朋友不能预设立场，不论哪个行业，不论做什么工作，只要是有能力的人都应结交。就像“你也可以约见奥巴马”这样的事情，你即使联系上了一个美国的部长，也有可能见不到奥巴马；而如果你只联系到奥巴马的司机、厨师或奥巴马孩子的保姆，却可能非常容易地“与奥巴马有了一次亲密的约会”。与人交往不能只靠眼睛，更要用心，无论是别人眼中的大人物还是小人物，只要真心对待，最终任何人都能成为自己的朋友和人脉资源。

现实社会，很多人会自觉或不自觉地将人划分出等级，比如将名人、明星、有钱的人或有权有势的官员看成是大人物，而将无权无势、钱少名微的百姓归结为小人物，并以此决定是否值得交往或怎样交往。当然，对交往对象有所选择是很自然的事情，但要有正确的标准，若仅凭官位高低和名气大小来决定，无疑太过功利。与人交往不可能完全没有功利色彩，而一个人的能力、品德才是更应被看重的。如果与人交往太过功利，眼睛只盯着有官位、名气大的所谓大人物，或者只想着利用别人而不是互惠互利，那么即使有人与之交往也不可能长久，更不可能与之成为朋友。

在不同行业从事不同工作，会使人显现出能力的差别，但能力的差别应该只是强弱之分，而不应有贵贱之分。是否值得与某人交往，其品德、能力更加重要，而不应只与其职位高低和名气大小相关联。

俗话说：“县官不如现管。”其实，仅就能力而言，官位高不见得能力强，地位低不一定能力差。历史中，刘邦最初只是个亭长，朱元璋自小无依无靠，以当和尚、乞丐为生，但最后他们都成了开国皇帝。人生是变化的，一个人只要活着，将来到底是大人物还是小人物谁能说清楚。即便有大人物和小人物之分，人的权势、名利也都如过眼云烟，总在变换之中。所以若与人交往太过功利，最终不仅可能一无所得，甚至可能损财辱名。对朋友不要预设立场，大人物、小人物都要交往，与人交往不重名利才是正确心态。

很多人都乐于结交高官、巨富、明星和名人等大人物，如果是因为其中很多人具有出类拔萃、高人一筹的特长、能力，应该说还是很有必要的，因为毕竟得到有能力的大人物的帮助，对一个人的成长不仅作用巨大，而且往往如立竿见影般快速、显著。比如在创业之初，一个人多少都会遇到资金、渠道或经验不足的困难，如果能够得到商界巨富的投资和业界精英的指点，那么不仅充足的资金有利于形成生产规模，尽快步入发展正轨，而且大人物的各种丰厚资源及社会经验还能使一个人少走弯路，减少不必要的损失。与比自己能力强的人交朋友，更有助于个人成长，每个人都应该重视与能力高强、名副其实的大人物交往。当然，生活中还有一些所谓的大人物，这类人往往能力不太强，更没有太好的品德；但他们常常自以为是，把自己看得比谁都重要，视他人如草芥，这样的人实在不值得交往。

一般情况下，地位高低、名气大小不能完全反映一个人能力的强弱，无名无权的人不见得能力也弱，而且，小人物即使能力再弱，也有他能做的事情。俗话说：“尺有所短，寸有所长。”有时候大人物也需要小人物的帮助才能渡过难关，历史上这样的例子很多。

当年刘备读私塾时很讲义气，经常帮助同学，即使后来分开了还与同学保持联系。其中有个叫石全的人，他家中很贫苦，刘备却没有嫌弃他，常邀请石全到自己家做客。后来，刘备在一次兵败后被敌人追杀，恰恰就是这个石全冒着生命危险将刘备藏了起来，因此救了刘备一命。

大人物也会有解决不了的问题或遇到危急的时候，只要有能力，小人物也能帮上大忙，为大人物排忧解难。小人物也能做大事，同样可以改变历史进程。

与人交往一定要出于真心，把握良好的心态。与大人物交往要有平常心，在大人物面前更要保持自尊、自爱、自重的人格，绝不能摇尾乞怜、卑躬屈膝，这样做只会被人看不起。不只是大人物，任何人都不会与自己看不起的人成为朋友。与大人物成为朋友，不能有依赖心理，和大人物交往更要独立。与所谓的小人物或能力不如自己的人交往，绝不能轻视对方，而要尽自己所能帮助他，须知雪中送炭比锦上添花更容易赢得别人的真心；而自己在需要别人帮助时，小人物更会因此而不遗余力，小人物往往能为一个人事业的发展带来意想不到的帮助。

在人际交往中，只要有品德、有能力，不论是大人物还是小人物，任何人都值得交往。不论对大人物还是对小人物，都要有良好的心态与之交往，既不能妄自菲薄，也不能目中无人，只有真心待人，才能赢得别人的真心相待。一个人不能对朋友预设立场，不论是大人物还是小人物，都应吸纳到自己的人脉资源网络中，只有这样才能在争取成功的过程中得到更多的助力。

坚持原则，困苦不离

人脉资源网络的重要性已被越来越多的人所认识，要做好人脉经营工作，首先要学会做人，只有先明白了怎样做人，才能进一步谈如何与人交往。与明白如何做人相比，与人交往更为复杂、困难，而要真正做好就更不容易，不仅要注意自己的行为、举止，还要关注对方的想法及行为。如果说明白如何做人是一门学问，那么人脉经营的学问无疑更加高深。

当然，不论是做人还是与人交往，两者有很多相通之处，都需要掌握相关技巧。俗话说：“没有规矩，不成方圆。”做人和与人交往首先要明理，不能违背做人和与人交往的基本原则，如果违背了这些必须遵循的一般原则，那么掌握再多的技巧也于事无补。同时，人都是有感情的，还要讲情，做人和与人交往既要坚持原则，更要困苦不离，这样才能做好经营人脉的工作。

要经营好人脉，首先要明白做人的道理。一个人无论多么聪明、能干，如果不懂得如何做人，终将一事无成。会做人、做好人，才能行得正，才能结交到好朋友。与人交往必须要遵纪守法，不论语言还是行为都要符合伦理道德。伦理道德是人际交往的行为准则，是做人的基本原则，朋友关系再好，也不能突破这个人际交往的界线，只有这样才能使人际关系健康发展。

好朋友之间需要推心置腹，坦诚相告；但与朋友交往绝不能触及对方的隐私，更不能将朋友的隐私到处传播，这样做不仅违法，而且是极不道德的行为。人与人相处彼此要互相信任，如果连这个最基本的做人的道理都不懂，怎么可能赢得别人的信任？与人交往切忌以自我为中心，一个人既不能夜郎自大，目中无人，也不能刻意讨好迎合朋友。遇事要站在朋友的立场考虑问题，并采取相应的行动帮助朋友，这样才能与朋友更好地交往，当自己遇事时朋友也才会伸出援手。要影响别人就要先影响自己，要更好地与人交往就要先学会如何做人，做人的道理在与人交往中同样是应该坚持的原则。

与人交往，必须要真心。以真心待人才能赢得真诚的回报。与人交往双方要互相理解，当出现矛盾和分歧时，要注意尊重、体谅对方。如果与人交往不能真心待人，而总想利用对方满足私欲，甚至尔虞我诈，那么他永远也不可能得到对方的真心。真心待人应该贯穿于人际交往的全过程，要充分尊重朋友的个性特点，并对不同的朋友采取不同的态度与之交往，要从心里了解朋友，要根据朋友的性格特点，因人而异地选择不同的交往方式。

通常，交往的双方达到心心相印的程度需要一个过程，只有互相了解、摸透彼此的脾气，才有利于互相理解、互相尊重；否则，交往的双方难免相互猜疑，而一旦出现问题还可能相互怨恨，进而影响彼此的交往。与人交往要从心开始，只有真心待人，朋友才能还以真心，出于真心并把握良好心态，交往中才能以不同方式与朋友达到相互理解和尊重，朋友也才能成为对自己有巨大帮助的人脉资源。

合作互利是与人交往最基本的原则和策略。人际关系在本质上就是“我为人人，人人为我”的合作互利关系。当今社会，竞争日趋激烈，社会分工越来越细，人与人之间的合作越来越重要，许多工作仅靠个人能力往往很难完成，需要依靠团队、集体力量才能实现。合作是人际交往的基本准则，在合作基础上竞争，在竞争基础上合作，是人际交往的基本态势。只讲竞争不要合作，必定是不择手段的恶性竞争和无序竞争，人际关系的和谐也将无从谈起。

在人际交往中，还要时刻把握互利原则，通过互利达到双赢。人际关系要想达到和谐，就必须使双方都能从中获益，如果一方利益长期受损，人际交往不会长久。在与人交往中，只有与对方利益共享，才能共谋发展。因此，合作互利就是与朋友要多沟通，对朋友要多支持，在交往中要多协商，只有这样，人际交往才能少出摩擦，也才能有效化解矛盾。

与人交往必须要坚持原则，对朋友则要有良知，困苦不离。虽然做人和与人交往的基本原则都必须要遵循、坚持，但在交往中也要有灵活多样的方式、方法。人与人交往不和谐，原因可能是多方面的，其中与交往方式死板有很大关系。与人交往，双方都应有更大的回旋空间，以减少或避免一些不必要的摩擦或伤害。比如，在拒绝别人时，不要总是生硬地一口回绝，而应先答应考虑，给自己留点回旋的空间，以便能够进退有据；在批评别人时，最好点到为止，照顾对方的自尊，否则，不仅会严重伤害对方的感情，而且对方也会难以接受。在坚持原则的情况下，交往手段和方法要有弹性，但绝不是见异思迁，更不能看到朋友出现问题就见风使舵，要经得起考验。在人际交往中要坚持原则，更要有弹性，给自己和他人都留些余地，这样才有助于人际关系更加和谐。

做人要有原则，只有合乎法律道德才能受到保护，与人交往同样也要遵循这些原则。与人交往要有益于社会，有益于朋友，只有这样才能与朋友和谐共处。对人要有良知，与朋友更要困苦不离。与别人交往要有真心，在朋友有困难时，要尽心尽力提供帮助，这样才能维护好自己的人脉资源网络。

对自己充满一万伏特的自信

要想获得成功，一个人必须要有能力，但能力不是唯一的、决定性的因素。人的能力不仅有强弱之分，还有是否充分发挥的问题，一个人能力强但发挥不出来，往往很难做成事，自然也不会有所建树；能力弱但能充分发挥，常能做好简单小事，不断积累同样能够成就一番事业。

对个人而言，信念的作用不能低估，特别是自信，对一个人能否成功作用巨大。自信就是相信自己能够做成任何事情的信念。一个人有自信，不仅能使自身能力得到充分发挥，而且还能激发人的潜力，使人的能力倍增；相反，一个人不自信，不要说激发潜力以提高自身的能力，即使有能力，其发挥也会大打折扣。就说“你也可以约见奥巴马”这件事，充满自信并努力去做，任何人都能做到；而若将此事视为天方夜谭，就是不自信，多数人会因此而不敢尝试，即使做了也不会尽心尽力，结果不言而喻。

人类历史上，每一个成功者不仅是有能力的人，更是拥有自信的人，自信的人才能创造人间奇迹，不自信的人会一事无成。重视信念的作用，对自己充满自信，普通人照样可以成就一番辉煌的事业。

一个人能力的强弱可以通过做事显现出来，而自信的作用不像人的能力那样直观，自信会以其特有的方式显现其作用。曾经有很多科学家对人的骨骼、肌肉等各方面深入研究后认为，由于身体条件的限制，人类不可能在4分钟内跑完1英里，这是人类不可能突破的极限。然而，罗杰·班纳斯特首先突破了这个极限，他完成了惊人的壮举。

一方面是由于他的刻苦训练，但更重要的是精神上的突破，他的意识中只有成功的信念，之前从来没有将“在4分钟内跑完1英里”视为不可能的事，最终，班纳斯特创造了奇迹。而且，在班纳斯特之后，数以百计的人也都做到了人类千年来一直认为不可能的事。人的潜力是无限的，只有对自己充满自信，普通人同样可以创造奇迹。

自信是迈向成功的第一步，如果没有自信，别人对你就更不会有信心。构建丰厚而高效的人脉资源网络，自信的作用同样巨大。

其实，尊重也应该称为一种信念，而且和自信常常互为因果，即一个人拥有自信才能赢得尊重，被人尊重就会更自信。这样的事例很多，比如美国的格兰特将军。

美国内战初期，北方军队连连失利，危急关头林肯任命酗酒成性的格兰特领导军队，众人一片哗然，林肯却说：“我充分尊重格兰特，希望大家也能尊重他，了解他的军事天才，相信他。”格兰特因林肯的尊重与赏识重拾自信，昔日的酒鬼脱胎换骨，凭借过人的指挥才能不辱使命、力挽狂澜，最终领导北方军队击溃了南方联军。

由此可见，尊重对一个人有多大的作用。在人际交往中，尊重如同自信的催化剂，会使普通人充满自信，让失意者重拾自信。尊重源于价值，始于相识，生于相知。尊重不是简单地以礼相待，其本质是人与人相互间内心承认对方的价值。要想赢得别人的尊重，先要使自己值得尊重。

人的自信需要培养才能产生。自信不是生来就拥有的，而是随着人的不断成长而逐渐形成的。在人脉资源网络建设过程中，不断拓展人脉资源才能有效积累人脉，拓展人脉就要与陌生人交往，很多人对此多少都有一些恐惧，与人交往时会害羞、胆怯，甚至紧张得连话都说不出。心理学家指出，对人际关系格外敏感，太在意别人对自己怎么看，就是缺乏自信的表现。自信需要不断培养才能产生。在人际交往中，不够自信是很平常的事，要想克服其实也很容易，只要注意改变细节就能收到明显的效果。俗话说：“万事开头难。”与陌生人交往，最初只要稍微主动一些，多说几句话，往往很容易找到大家都感兴趣的话题，有了共同语言，交往起来就会轻松自然。

自信的形成需要一个过程，不论是在与人交往中，还是在生活和工作中，注意改变一些细节，人的自信就能明显提高，然后长期坚持下去，就能成为一个有自信的人。心理学家说，懒惰的姿势和缓慢的步伐能滋长人的消极思想；而改变走路的姿势和速度可以改变心态，快速走路能表现出人的信心，因此走快一点就会感到自信在增长。

对自己进行心理暗示也有助于培养自信。不论做什么，总是暗示自己“我能行”、“我能出色完成工作”，就能产生把事情做好的信念；再通过思考想出完成工作的方法，并排除各种困难，最终把事情做成，人就会产生信心；总能做成一些事情，人的自信就会逐渐形成。抬头挺胸正视别人，不仅是一种礼貌的表现，还可以增强自信，是一种传达自信的方式；眼神专注意味着告诉别人自己做人做事都会很认真，无形中就会让别人相信自己。

当众发言是克服恐惧心理、增强自信的有效手段，是克服自卑最有效的办法。其实，当众讲话谁都会害怕，只是程度不同而已。所以不要放过每次当众发言的机会，不要怕说错，畅谈自己的见解，这样恐惧感就会逐渐消除，就会不断增强信心。

世界上，每个人的能力都会有所差别；但一般情况下，相差不会很大。成功者自身的能力也并非都出类拔萃，成功者与普通人最大的区别往往就在自信，成功者对自己充满信心，敢想敢干，再难的事情都能做到；而普通人不够自信，就会限制自身能力的发挥，即使有能力也不敢尝试，所以简单的事情也可能做不到。自信，才能赢得尊重和机会，一个人要对自己充满一万伏特的自信，敢想敢干就一定能做出惊人的成就。

适应环境的本领

不论是面对自然环境还是身处社会环境当中，个人的力量都是非常渺小的。对于生存环境的发展、变化，试图依靠一己之力改变、阻止其进程，几乎是不可能的事，因此一个人要生存、发展，就只能适应生存环境。如果不能适应环境，结果只能是被淘汰。作为万物之灵，人是世界上最聪明的动物，不仅有意识，而且有思维，因此，人不能像动物那样，只是被动地适应生存环境的变化；而应在遵循自然环境和社会环境发展、变化客观规律的前提下，因势利导主动对自己的生存环境施加影响，使之更适宜自己的生存与发展，这就要求一个人必须具备强大的适应环境的本领。

其实，人类社会发展至今，大多数人都拥有这种本领，而只有成功者才是真正做到使环境更适宜自己生存、发展的人。作为普通人，每个人天生也都具有这种能力，而要获得成功，就必须不断增强适应环境的本领，并依此改善自己的生存环境，这样才能真正实现自己的人生价值。

我们常说“适者生存”，人类社会随时都在发展、变化，社会环境的变化不是人力所能控制的。而在人生不同阶段，一个人也在不断成长、变化，内外环境有时变化还很大，如果不能随着人的成长和社会发展而改变、调整，就随时有可能被淘汰。所以，适应环境的本领是每个人必备的生存手段。

“适者生存”同样适用于人脉资源网络的建设。与人交往，交往对象常常无法选择，这是每个人都会遇到的现实问题，对此，只有掌握了与不同人交往的多种方法、手段，才能与不同的人很好地交往，使之成为自己的人脉，为自己的成功提供强大助力。

还是说“你也可以约见奥巴马”这件事，你原想通过美国政界或议员向奥巴马传递这个口信，而现实是你的人脉资源联络上奥巴马身边服务人员的可能性更大，而你在美国政界不具有人脉。在这种情况下，就没有必要坚持通过政界向奥巴马传递这个口信，而要适应现实状况，努力通过现有人脉资源联系到奥巴马身边的人，向奥巴马传递这个口信，相信“与奥巴马有了一次亲密的约会”一样可以做到。

人际交往中，不可避免地会遇到具有不同能力和不同特点的交往对象，也会出现一些不可预知的情况，以主动的心态学习、掌握与人交往的多种方法、手段，才能在人际交往中与不同的人成为朋友，人脉资源才能不断积累。

在与人交往中，掌握适应环境的本领，首先要从心里接纳自己的交往对象。人生在世，一生接触、认识的人数以万计，对于交往对象有所选择，希望结交能力更强的朋友也很正常；但在生活中，不同能力和特点的人都要交往，交往对象常常无法选择。在这种情况下，与人交往要从心里接纳对方，只有接纳了才能去了解对方，越了解交往对象，就越容易成为朋友。按照自己的喜好选择交往对象，往往不利于人脉资源网络的建设；而由具有不同能力的人构成的人脉资源网络，常常更能发挥作用，对一个人的帮助也会更大。

其次，对不同的人采取不同的方法和手段与之交往。人际交往中，只要有能力，就都是值得交往的人。但交往对象的脾气、秉性及习惯不是我们所能左右的，与不同的人交往如果死守一种方法和手段，结果很可能事与愿违；根据交往对象的不同，主动调整自己的交往方法和手段，才能事半功倍。

与人交往时要想做到因人而异，就必须深入了解交往对象，只有了解了对方的特点、习惯，才能因势利导，主动寻求对方更乐于接受的交往方法和手段与之交往，这样不仅交往对象更容易成为自己的朋友和人脉，而且自己与人交往的能力也会显著提高，这样更有利于人脉资源网络的建设。

在人际交往中，很多成功者都非常注意了解别人的兴趣、爱好，再投其所好采取相应的方法与对方交往，常常能使原来是对手的人最终成为自己的朋友。

富兰克林年轻时，曾投资开办了一家小印刷厂，后来又想办法使自己成为费城州议会的文书办事员。这样，富兰克林获得了为议会印制文件的工作，印刷厂也因此获利颇多。而议会中一位很有影响的议员对此非常不满，公开指责富兰克林的做法并斥骂他假公济私。这样发展下去将十分危险，不仅富兰克林会丢掉文书工作，印刷厂也会岌岌可危。

富兰克林下决心不仅要改变这位议员的看法，而且要使对方喜欢自己，只有这样才能既利于自己开展工作，又能使印刷厂继续兴旺。富兰克林通过了解，打听到这位议员藏有一本独特的书，议员对向他借书的人不仅会喜欢，而且更会看重。于是，富兰克林就写了一封信，表示极欲借书一睹为快。那位议员马上叫人把书送给了富兰克林。

富兰克林一星期后把书还给议员时，还在书中附了一封信，谈了看书的感想并真诚表示自己的谢意。从此以后，议员开始主动跟富兰克林打招呼，也不再对富兰克林的做法加以指责，而且还成为富兰克林的挚友。

把对手变成朋友，既尊重了对方，又成就了自己，这是值得每一个人在人际交往中学习、掌握的本领和经验。

在人际交往中，要使不同的人成为自己的人脉资源，就必须明白适应环境的道理，了解交往对象的兴趣、习惯，并主动适应交往对象，采取适当的方法、手段与之交往，这样才能更好地与人交往。适者生存、因势利导是与人交往必须学习、掌握的本领，唯有如此才能真正构建起自己丰厚而高效的人脉资源网络。

试着每天淘汰自己

当今世界，科技高速发展，竞争日益激烈，一个人初入社会时，能力不强、品德修养不高也许影响还不大；但要想获得成功，就必须有不断提高自己的意识和心态，并及时有效地付诸行动，否则没有能力的人很快就会被社会淘汰。社会上曾经有过这样一句话：只有“每天淘汰你自己，才能不被淘汰。你不试着淘汰自己，就可能会被别人淘汰。”这句话生动形象地揭示了一个道理：只有不断吐故纳新，真正提高自身的能力和品德修养，才能立于不败之地。

世界随时都在发展变化，每个人也是如此，只有每天试着淘汰自己，才能不断进步。一个人要想不断成长，必须要吐故，就是要不断抛弃自己过时、无用的知识、思想和行为方式；吐故的目的是纳新，只有抛弃了无用、过时的东西，才能腾出精力更好地学习，掌握新知识、新方法、新思想，从而提高自己的能力和品德修养。

要想获得成功，就必须构建相匹配的人脉资源网络，这同样需要树立不断淘汰自己的思想。对人脉资源网络的建设而言，淘汰自己的意思就是：人脉资源要不断更新。

要有意识地将自己人脉资源中无用的资源及时清除。人脉资源网络需要不断拓展才能日益丰厚，需要不断维护才能及时发挥作用，而做好这些人脉经营工作，需要有足够的精力和时间。如果不淘汰对自己无用的人脉资源，就要占用有限的时间和精力，去经营这些无用的人脉，必然会影响其他人脉经营工作的进行。

要具有良好的人际关系，在不同阶段需要不同的能力。比如，在大学中，学习好就会有好人缘，或者足球踢得特别好，篮球打得特别棒，甚至长得帅，都能使一个人有好的人际关系。而到了工作阶段，要想以好的学习成绩打造好的人缘，可能效果就不会太明显，这时，如果是一个电脑高手，或者心灵手巧是一个电器修理专家，甚至是一个出色的笔杆子，往往更能为自己赢得好人缘。

同理，在一个人不同的成长阶段，需要的人脉资源也不同。一个人在不同的成长阶段需要不同的“贵人”，比如，对一个刚刚参加工作的人，工作能力强的师傅或同事就是自己的“贵人”；而对部门或中层领导，“贵人”往往是有丰富管理经验的人或级别更高的领导；对一个创业者，“贵人”既可能是有雄厚资金的人，也可能是困难时有好的销售渠道的人，等等。总之，随着一个人的成长、进步，在成就事业的道路上，不同阶段需要不同的人脉资源。

因此，要想获得成功，对自己的人脉资源网络就要不断清理，及时淘汰不利于自己进一步发展，甚至影响自己发展的人脉；而对于自己今后发展所需要的人脉，要腾出更多的精力和时间，更多、更早地结交。否则，过时的人脉资源网络不仅不会有助于一个人的进步，相反可能会影响其成长。

在与人交往中，要树立不断淘汰自己的思想，对人脉资源网络进行清理和建设，首先要明白自己今后的发展方向，只有明确了发展方向，才能提早规划自己的人脉资源网络；否则，盲目拓展自己的人脉资源网络，只会带来不必要的繁忙与麻烦。

明确了自己的发展方向，在规划人脉资源网络时，还要明确自己职业和事业的人脉资源需求。如果目前的事业进展顺利，就要清楚是哪些人脉给予了自己有效的帮助，今后还要得到他们哪些支持；如果目前事业不顺利，就要弄清自己的人脉资源出现了什么问题，为了实现自己的目标，还需要开发哪些人脉资源，需要得到哪些人脉资源相助。

在做好人脉资源建设规划后，还要积极着手进行人脉资源的经营。要想获得成功，就要有合理的人脉资源结构，人脉圈子的结构不能太单调。有人只重视开拓眼前需要的人脉资源，而忽视了未来人脉资源的积累，结果，随着职业和事业的发展以及环境的变化，造成关键时刻人脉资源缺位断档，临时抱佛脚往往效果不好。

另外，在拓展人脉资源过程中，还要注意人脉资源的深度、广度和关联度。人脉的深度即人脉关系纵向延伸的情况，达到了什么级别；人脉的广度即人脉关系横向延伸的情况，范围（区域与行业）有多广；人脉的关联度即人脉关系与个人所从事行业的相关性和人脉资源直接的相关性。人脉资源既要有广度和深度，又要有关联度，利用朋友的朋友或他人的介绍去拓展人脉资源，要从长远考虑，千万不要得人脉“近视症”，而应关注成长性和延伸空间。

总之，在当今复杂多变的社会现实中，一个人要想获得成功，就必须有不断淘汰自己的意识，淘汰自己不仅指一个人要有谦虚的心态，不断抛弃过时的专业知识和行为，学习掌握新的专业知识，不断提高自己的专业能力；而且指一个人要不断更新自己的人脉资源，及时清理对自己发展无用，甚至阻碍自己发展的人脉资源，努力结交对今后发展有用的、更多更好的人脉资源。只有这样，才能为自己的成功积累相匹配的人脉资源。

放低姿态，内敛是金

在争取成功的道路上，困难无处不在，障碍随时可能出现，而且会出现一些无法预见的特殊情况和突发事件，如果没有人脉资源的帮助，仅凭一己之力往往很难全部克服、解决。这就要求在人脉资源网络建设过程中，不仅要努力积累人脉资源，而且要和具有不同能力的人成为朋友，这样才能使人脉资源不仅丰厚，而且有效。

在人际交往中，首先要学会做人。

做人不仅要有自信，更需要内心真诚、成熟内敛，低调做人往往更具吸引力、凝聚力，使别人乐于交往。香港巨富李嘉诚常说：“做人要尽可能地保持低调，以免树大招风。如果你始终注意不过分显示自己，就不会招惹别人的敌意，别人也就无法捕捉你的虚实。”

沉稳、内敛不是内向，内向是一种性格，而沉稳内敛是做人的一种智慧。沉稳内敛具有包容性，又具有开放性，内敛的人，其人格力量吸引周围的人。当然，低调做人是有前提的，通常，有很强能力和有足够品德修养的人，才更懂得低调做人。低调做人能懂得让步，往往容易赢得别人的帮助。

其次，要有良好的心态。

人与人的交往是心与心的交流，心态平和、谦虚是最重要的，这样才更容易接受别人，也更容易被别人接受。每个人都有各自的优势与不足，在与人交往中，只有谦虚才能看到自己的不足，虚心向别人学习才能不断提高自己，当取得成绩时，也要知道感谢他人并与人分享。

谦虚的人更能看到别人的长处，能做到放低姿态为对手叫好。相反，如果不懂谦虚，不会隐藏自己的锋芒，处处张扬表现自己能力超强，往往会在无形中惹来嫉妒和猜忌，这样的人不会交到朋友，做事更不可能成功。

此外，人际交往还要采用适当的技巧和方法。

与人交往不讲技巧，方法不对，就无法与人较好地沟通、交流，自然也就不可能成为朋友。与人交往放低姿态很重要，它能有效拉近人与人之间的心理距离，使彼此更容易成为朋友。

与人交往是一门学问，学习、掌握与人交往的技巧，对一个人的成长会有很大帮助。与人交往最有效的技巧就是放低姿态。人在面对比自己优秀的人时，会增加心中的挫折感，很容易产生反感心理；如果再不懂得放低姿态，就会给人留下高高在上的感觉。试想一下，有谁能够与总是需要仰视的人成为朋友，这样的人没有人会与之真心交往，也不可能有很多朋友。要学会“放低姿态”，学会仔细倾听他人的话，才能更理解朋友做事的原则和立场，尽量体谅他人，这样既能学习他人的优点，也能让朋友感到自己被尊重和理解。

在人际交往中，合作互利是最基本的原则和策略。俗话说的“人人为我，我为人人”就是这个道理。要想得到别人的帮助，自己就要努力帮助别人，与人交往不仅要使自己的利益和需求得到满足，而且交往对象的需求和利益也要得到满足，这样人与人之间的交往才能长久。在与人交往中以此为准绳，也就要求我们处处以对方为核心、为主角，放低自己的姿态，收敛锋芒，这不仅是对对方的尊重，也更能使对方的心理需求得到满足。

当然，合作互利的基础是人的能力，没有能力就不可能合作，更谈不到创造更高的价值，因此，与人交往的能力很重要，但有两点需要特别注意：

1. 不能将能力作为与人交往的唯一标准

在与人交往中，一个人过分看重别人的能力，一切以能力为标准，就会对交往对象大加选择，往往不利于人脉资源的拓展；同时，这样做很容易给朋友留下过于势利的印象，从而影响与朋友的进一步交往，使得人脉资源网络的维护无法正常进行。

要想与别人良好、正常地交往，就要使双方的需求都得到满足，其中不仅仅是经济利益，还有其他很多需求；但如果一切以利益、能力为准，则绝不可能做到与人真正交往。就像“你也可以约见奥巴马”一样，你的目的绝不会是仅仅想品尝一下白宫饭菜的味道，肯定还有很多需求希望在“你与奥巴马有了一次亲密约会”中得到满足。如果你想见奥巴马仅仅是为了和他吃顿饭，估计没有人会不遗余力地帮你向奥巴马传递这样的口信。

2. 能力只有在与人合作中才能创造价值，而不是在与人交流、沟通中发挥作用

与人交往中，过分炫耀自己的能力、才干，不仅无法吸引别人成为自己的朋友和人脉，从而对自己的成功提供帮助；相反，很可能会引起别人的妒忌，从而给自己的工作、事业招来不必要的麻烦。

总之，在人际交往过程中，要深入体会和充分把握“放低姿态”和“内敛是金”这两项原则，以良好的心态和技巧与别人交往，这样才有利于构建自己丰厚而高效的人脉资源网络，为自己争取成功提供更大的帮助。

要想取得成功，不仅要不断提高自己的能力和品德修养，更要明白“内敛是金”的道理，沉稳内敛、低调做人、踏实做事才能赢得别人的尊重。任何人都会乐于与自己尊重和认同的人成为朋友，并使之成为自己的人脉，而以此构建的人脉资源网络，对一个人取得成功会提供难以估量的助力。

做目光远大的人

一个人在获得成功的过程中，会受到很多因素的影响；但最重要的决定因素永远掌握在自己手中，即一个人能否获得成功，是由个人自身因素决定的。其中，做目光远大的人尤为关键。正如晚清大商人胡雪岩所说：“做生意顶要紧的是眼光，眼光看得到一省，就能做一省的生意；看得到天下，就能做天下的生意；看得到外国，就能做外国的生意。”

胡雪岩这句话生动地说明了“眼光有多远，成就有多大”的道理。和做生意一样，要想为自己的成功构建相匹配的人脉资源网络，同样需要目光远大，正如下面这个故事所讲的道理。一位百万富翁问一位千万富翁：“我怎么才能像你一样？”千万富翁问他：“你都跟什么人交往？”百万富翁说：“跟我一样的百万富翁啊。”千万富翁说：“我都是跟千万富翁交朋友的。”

俗话说：“物以类聚，人以群分。”一个人和什么样的人交往，就注定了他的层次会停留在什么样的阶段。要想成为高手，就要和真正的高手交朋友，向真正的高手学习；否则就永远是井底之蛙。只有放眼世界，视野才会更开阔。要想获得成功，就要与成功的人做朋友，让成功者成为自己的人脉资源。

著名华人网球明星张德培青年时代与桑普拉斯、阿加西等人都是同一个网球教练——尼克，尼克还带出了威廉姆斯姐妹和库尔尼科娃等世界知名球星。张德培依靠他顽强的意志和拼搏精神，打败了他的几位师兄而获得世界网球青年冠军。但成年后桑普拉斯和阿加西都先后多次获得了世界网球排名第一。但是张德培最高的排名仅是世界第二，之所以如此，是因为桑普拉斯和阿加西后来都聘请了最顶尖教练，像桑普拉斯聘请了世界最著名的发球教练，而他的发球得分率也是最高的。而张德培却聘请了没有职业网球经验的哥哥和父亲做教练，结果可想而知。同样的素质，不同的教练就产生了不同的效果。

多与成功者交往，就像为自己聘请一个好教练一样，将有利于一个人的成长、进步。与成功者成为朋友，并使之成为自己的人脉资源，这样的人脉资源网络自然会为一个人的成功提供更多帮助。

做目光远大的人，构建自己的人脉资源网络，不仅体现在多与成功者交朋友方面，同时，也要对落难者伸出援手，毕竟人脉资源网络的形成是一个长期的过程，而人世变化无常，人生不可能一帆风顺，挫折、失势在所难免。当人落难时，对曾同情、帮助其渡过难关的人，会铭记一辈子。所谓莫逆之交、患难朋友，往往就是在困难时期产生的，而这时形成的友谊也最有价值和最令人珍视。

老赵曾是一家大公司的总经理，他在任时收到的礼物、贺卡像雪片一般飞来。后来老赵得了重病，无法继续工作，只能离职休养。在此期间，老赵所收的礼物只有一两件，贺卡则一张也没有。以往访客往来不绝，而这时却寥寥无几。正在他倍感寂寞之时，以前的一位下属带着礼物来看他。老赵在任期间并不很重视这位职员，而如今他的来访却使老赵非常感动。

过了两年，老赵的身体奇迹般康复了，不久又官复原职，他很自然地重用提拔了这位职员，因为这位职员能在没有利益关系的情况下登门拜访，给老赵留下了深刻印象。

很多人喜欢与当下得势的人结交，好像可以利用对方那股气势。然而在这种情况下，由于对方万事顺利、春风得意，人人都想与其结识，一方面这样的人可能顾不过来，另一方面通常人都不可能与巴结自己的人成为真正的朋友，所以，此时与人结交，往往很难彼此成为真正的朋友。

而当一个人失势时，经常会受到众人的漠视，就连原来与他交往密切的人都离他而去，如果此时伸出援助之手，与之交往，任何人都会心存感激，铭记一生。在失意时还能相互扶持的朋友，才是真正的朋友。如果与那些暂时不得势的人交往，并成为好朋友，通常可以培育出可靠的人际关系，这更能体现出一个人在构建自己的人脉资源网络时是否具有远大的目光。

在为自己成功构建相匹配的人脉资源网络时，还要有博大的胸怀。与人交往不记旧恶往往更能体现一个人是否目光远大。对于曾经有“恶”于己的人，总是耿耿于怀，计较前嫌，这样的人往往很难成就一番大事业，也不可能建设好做大事的人脉资源网络。

历史上，李世民就是依靠不记旧恶的博大胸怀，笼络了如魏征、李靖这样一批重臣，从而开创了盛唐的辉煌。在玄武门之变前，魏征曾多次鼓动太子李建成杀掉李世民；但李世民夺得皇位后，不记旧恶，仍量才重用魏征，使魏征“喜逢知己之主，竭其力用”，多次献诤言，为大唐盛世立下了汗马功劳。李靖原是隋朝的官员，还向隋炀帝举报李渊企图谋反。后来，李渊灭隋后要杀李靖，李世民坚决反对才保住李靖一命。后来，李世民夺得皇位，李靖驰骋疆场，长年征战于边疆，为盛唐的边境安定立下了不朽功勋。

一个心胸狭窄的人，不可能有远大的目光；斤斤计较的人，不可能有良好的人际关系。要想成就一番事业，就要有容人之心；君子不记旧恶，才可能为成功积累丰厚的人脉资源。

总之，为争取成功构建自己强大的人脉资源网络，就要做一个目光远大的人；与人交往不仅要多与成功者交朋友，也要向落难者伸出援手，更要有博大的胸怀，只有这样才能真正建设好自己的人脉资源网络，为自己的成功提供帮助。

增加自己曝光的渠道

对一个人来说，人脉资源网络越丰厚，对自己成功的助力就越大；但要拓展人脉，靠自己认识的人的数量毕竟有限，因此，还要多结交陌生人。现实生活中有这样一句话：“马路越来越宽，人心越来越远。”这句话反映了现在与陌生人交往的困难。生活中被陌生人骗取钱财的大量事件，使人们对陌生人的搭讪都非常警惕，在这种大的社会背景下，给人的感觉是与陌生人正常交往的渠道在不断减少。

俗话说：“东方不亮西方亮。”在如今交往渠道越来越少的情况下，人们开始主动走出家门，到公园等公共场所与有共同兴趣、爱好的人自发形成各种不同的小团体，或者在公园举行相亲会，以增加沟通交流的渠道。

由此可见，当今社会，人与人交往的愿望其实比过去强烈，只要能够找到更多、更合适的渠道，与陌生人交往的机会还是很多的；关键在于要转变思路用心寻找，其实与人交往的渠道往往就在身边。如果能抓住每一次机会，就是增加了自己的曝光渠道，就会有更多机会与陌生人交往。

很多成功者从来都不会放过任何一次机会，只要有机会就努力抓住，以展示自己的形象；如果没有机会，则主动创造机会，以增加自己的曝光渠道，吸引他人注意。现在，很多人就将自己参加的旅游团、健身俱乐部、狮子会、高尔夫会所等团体，当成自己与他人交往的良好渠道，并在其中树立自己的形象；还有人借助媒体炒作自己，提高知名度。另外，互联网也是一个新的增加自己曝光机会的渠道，现在已有很多人利用网络构建自己的人脉通道。有效拓展人脉，努力增加与陌生人交往的渠道，关键是要用心寻找，只要用心，机会总是存在的。

当今社会，像同乡会、同学会、联谊会等这类有很多人参加的活动，如果有时间应尽可能参加。有些人本能地厌恶或害怕参加“乱哄哄”的聚会，认为这些活动纯粹是在浪费时间和精力。但是如果想扩展自己的职业和事业，这些活动必不可少。当然，也要有所选择，分清哪些该参加，哪些该拒绝。

奥巴马在最初步入政坛时，也是努力寻找增加曝光的渠道，创造更多树立形象的机会，在他的著作《奥巴马自传：无畏的希望·重申美国梦》中就有这样的描写：

在竞选联邦参议员时，我每天给民主党主要捐赠人打四五个小时的电话，试图得到他们的回复。我召开过记者招待会，却没有一个观众。我们签约参加一年一度的圣帕特里克节游行活动，却被安排到游行队伍的最后。我和十位志愿者只能朝滞留在路边稀稀拉拉的几个观众挥手，并且身后几步远就是清洁车，工人们正在清理垃圾和路灯柱上的绿色三叶草贴纸……

大多数时候我都是独自驾车游说的，首先从芝加哥的一个个选举区，再到各县各镇，最后跑遍了整个州。路过大片的玉米地和豆子地，火车轨道和贮料仓，整个过程举步维艰：没有一份像样的邮件联络名单，更没有好好地利用网络优势。我只能靠朋友和熟人关系去敲开每一扇陌生的大门，或将拜访安排在教堂、工会大厅、桥牌小组这些地方。有时赶了几小时路程后，发现只有两三个人围坐在餐桌旁等我。这时我还得让主人别介意到场人数，而且少不了把他们准备的点心赞美一番。有时候我等到教堂的礼拜仪式结束，而牧师却把我发言的事忘得一干二净……

奥巴马正是在这样的情况下，凭借着自己的努力，创造出很多增加自己曝光的渠道，抓住了每一次树立自己形象的机会，后来成功当选为美国的联邦参议员，迈上了问鼎白宫最重要的一级台阶。

世界在发展，社会在变化，人们交往的愿望却不会改变，每个人都有与人交往的需要，传统的交往渠道消失后，新的交往渠道在不断涌现，增加自己的曝光渠道需要更多的创意与细心。目前比较流行的各种培训、讲座就是非常好的渠道，不仅可以学习新知识，而且可以结交志同道合的朋友，是拓展人脉资源的好机会，通常，在课堂上要比在其他场所更容易与陌生人成为朋友。

传统的露天电影、大杂院这类人与人交往的渠道消失了；如今，同学会、老乡会、战友会、联谊会、庆典会，等等，各种名目繁多的聚会天天不断涌现。总之，增加自己的曝光渠道其实不难，只要用心就能发现。

寻找自己的人生目标

人生到底是什么意义？人生的目的又是什么？这些问题由来已久，可以说自人类有了思维以后，就开始思索这些问题，至于答案则是五花八门。有人说：人活着不只是为了吃饭，吃饭是为了更好地活着；也有人说：精神上的满足才有意义；还有人说：人生的意义是索取；反对者说：人生的意义是奉献。总之，不同的人有着不同的人生意义和人生目的。

人生在世，每个人都有必要探寻自己的人生意义和目的，如果不能给自己一个清楚的答案，就是没有明确的人生目标，也就更不会有追求的动力。胡适曾经说过：“生命本无意义，你给它什么意义，它就是什么意义。”要想弄懂生命的意义，就必须先明白自己存在的意义；否则，只能给自己生命一个相对短暂的意义。

可见，每个人的人生意义和人生目的各不相同，只有确定了自己的人生目标，再通过不断的努力去争取实现，生活才能更美好，事业才能不断发展、进步。如果将“你也可以约见奥巴马”确定为人生的目标，并争取实现它，你的生活就会有动力，就会感受到其中的痛苦与欢乐，生活才会因此而不同；最终，通过自己不断努力，在不断发展和进步中，“和奥巴马有了一次亲密的约会”，实现了你的人生目标，那时，你不仅会获得更大的快乐，而且会成为一个真正的成功者。

人都是有欲望的，这些欲望就是通常所说的需要，即，需要吃、需要穿、需要爱、需要名利、需要地位等；而人的需要是没有止境的，往往无法全部满足，人也会因此而闷闷不乐。当确定了自己的人生目标后，眼光就会远一点儿，就不会再为小事计较，生活中的快乐也会越来越多。人生目标定得越高，就越能充分发挥潜力；当然，还要切实可行。确定自己的人生目标就是立志，或者称为树立理想。立志对一个人具有重要作用，有志就是有方向，有志才有动力，纵观古今中外，成功者都是在理想的引领下取得成功的。

要实现自己的人生目标，首先要勤奋，勤奋在争取成功的过程中，往往具有决定性作用，历史中的很多成功者都有相关的精辟论述。爱因斯坦有一句名言：“在天才和勤奋两者之间，我毫无迟疑地选择勤奋，她几乎是世界上一切成就的催产婆。”爱因斯坦正是用这样的理念来指导自己的人生最终取得了成功。

其次，要不断提高自己的能力和品德修养，还要培养坚韧不拔的意志和吃苦耐劳的精神。同时，争取成功的方法也很重要，好方法可以提高效率，往往有事半功倍的效果；不好的方法很可能影响成功。此外，在争取成功的过程中，还要注意随时总结经验、教训。

最后，人脉资源网络是实现人生目标必不可少的条件。影响一个人能否获得成功的外在因素和条件很多，如资金、机遇等，其中，人脉资源的作用应该说是最重要的，没有人脉资源，要想获得成功无异于水中捞月。

现实生活中，如果没有别人的服务与帮助，正常生存可能都会十分困难，更不用说做成一件事了；工作中，如果没有别人的支持与帮助，很可能生产不出一件合格的产品，更不要说建立企业、扩大规模了。虽然人脉资源不是现实的金钱，但人脉资源却可以带来财富、机会等很多金钱买不到的东西。人脉资源可以为一个人的成功提供无可替代的帮助，不论遇到什么困难和问题，只要有人脉资源，往往可以迎刃而解；人脉资源可以为一个人的发展带来更多机会。在信息时代，信息往往决定着成败，拥有信息就拥有无限发展的可能性，通常，人脉有多广，信息就有多丰富。

人脉资源为一个人获得成功提供的助力往往无法估量。

世界首富比尔·盖茨创业之初还只是一个在大学读书的学生，没有什么人脉资源；但他却在20岁时签到了人生第一份大额合同，这份合同是跟当时全世界第一的IBM电脑公司签的。他之所以可以签到这份合同，最关键的牵线人是他的母亲。比尔·盖茨的母亲当时是IBM董事会的成员，顺便介绍自己的儿子认识董事长顺理成章，比尔·盖茨因此签下了人生的第一份大合同，奠定了他事业成功的第一块基石。

要实现自己的人生目标，可以借助人脉资源增强自身能力。与人交往，与别人有相同之处，往往很容易成为朋友。俗话说：“物以类聚，人以群分。”相互之间有共同语言自然不会有沟通障碍，人脉资源网络中，具有相同工作或类似经验的人越多，越有利于一个人从中汲取新知、增长见识，也更容易看到自己的缺点与不足。而每个人的能力往往是多样的，不可能只有一种，人脉资源网络越丰厚，不仅已有的人脉资源之间能力可能出现互补，而且还能吸引更多具有不同能力的人加入，使人脉资源网络涉及的方面越来越广，效力越来越强；对于个人而言，则有助于一个人成为复合型人才。

一个人只有明白了人生的意义和目的，才能确定自己的人生目标，目标明确、可行，往往使人工作中充满动力，生活中充满乐趣。当然，要实现人生目标，不仅要有成功的自信和能力，还要注意方法、讲求效率；面对困难更要有百折不挠的精神，充分发挥人脉资源网络的作用。

肯定自己以往的努力

无论是做一件小事，还是成就一番事业，很少会一帆风顺，成功的道路上总会遇到困难与挫折。人们总是期盼别人的支持与帮助，有的人甚至可能听到了别人鼓励的话后，就能重新振作起来。而现实生活中，适时而至、恰到好处的鼓励常常有，但无动于衷、冷眼旁观的情况也不少，结果常常是运气好的人能够重回正轨，运气不好的人往往一蹶不振。

其实，当自己遇到困难与挫折时，自我鼓励才是积极、正确的应对之策，总是把希望寄托在别人身上，不仅会产生依赖心理，而且一次运气好不可能次次运气好，最终可能仍难逃失败的命运。因此，要想取得成功，就应该肯定自己以往的努力，重视自我鼓励的作用，不惧怕困难与挫折，只有这样，一个人才能不断成长。

肯定自己以往的努力，列举出从出生到现在做成功的几件事，回想一下当时的情景，总结一下成功的经验，重温一下成功的喜悦，就一定能从中得到有益的启示，摆脱困难造成的恶劣心情，以高昂的斗志迎接挑战，通过努力最终一定会取得成功。俗话说："宝剑锋从磨砺出，梅花香自苦寒来。"面对困难与挫折，一个人要有良好的心态，对自己充满信心，正确评价自己的实力，越是困难就越要肯定自己以往的努力，这样就能变压力为动力，最终战胜困难而取得成功。

肯定自己以往的努力，不断鼓励自己，一个人积极的心态有利于培养自信。要想取得成功，关键是每个人要对自己充满信心。不论是做人还是做事，积极的心态往往能带来好的结果；相反，消极的思维常常会束缚人的行为，最终可能是一事无成。面对同样的状况，消极的思维会形成悲观情绪而导致失败，积极的心态能产生乐观思想而带来成功。

一个人要有意识地培养自己积极的心态，肯定自己以往的努力，回想自己曾经做成功的几件事，并以此鼓励自己，就会使人总是充满信心。不能肯定自我就会缺乏自信，缺乏自信就看不到自己的长处，人就容易自卑；缺乏自信也看不到自己的短处，人会自负、自傲，就不能用短处来警戒自己、避免骄傲。

肯定自己以往的努力，不断鼓励自己，有利于一个人提高能力。要想获得成功，没有能力或能力不够，如果再不努力去做，只会沦为一个志大才疏的空谈家。肯定自己以往通过努力取得的成功，就会不断发现新的、更高的目标，为了实现切实可行的高远目标，往往能激发一个人的学习热情，不断充实自己，或者深入挖掘自己的潜力，能力会因此逐渐增强；肯定自己还能更好地发现别人的长处，虚心学习也会使自己的能力得到有效提高。

肯定自己以往的努力，不断鼓励自己，有利于一个人正确面对成功与失败。一个人通过努力取得了成绩，要及时肯定自己的实力与收获，这样有利于乘胜前进；如果不幸失败了，也要肯定自己付出的努力。在争取成功的道路上，任何人都会遇到挫折和失败，面对挫折和失败，肯定自己的人会更加自信，绝不会低头服输，往往会越挫越勇，最终战胜困难获得成功。如果不懂得肯定自己，失败了往往患得患失、心怀自卑，很可能顶不住压力，不是手忙脚乱就是束手待毙，最终会被困难压倒，从此沉沦为失败者。

失败并不可怕，可怕的是遇到挫折和失败后不总结经验、教训，重犯同样或同类的错误；可怕的是遇到挫折和失败后丧失信心，畏缩不前。

爱因斯坦取得的科学成就举世公认，但他从苏黎世联邦工业大学毕业后也曾找不到工作，好不容易找到个教师的职业，3个月后又失业了。爱因斯坦并未因此放弃对科学的追求，而是时时自我鼓励，执著追求，最终成就了伟大的事业。倘若爱因斯坦因此而自暴自弃，他很可能会默默无闻地度过一生。

肯定自己以往的努力，不断鼓励自己，有利于与他人交往。一个人应当看重自己，在别人肯定你之前，你先肯定自己。懂得肯定自己的人，更知道肯定别人的重要，患难见真情，越是在遇到失败、挫折的时候，越需要朋友的理解和帮助，也越会铭记别人的帮助。平常与人交往得多热乎不重要，关键是在需要的时候是否及时出现。

成功时，肯定自己以往的努力，不断鼓励自己，就会拥有积极的心态并充满自信，越自信越会获得成功；失败时，肯定自己以往的努力，不断鼓励自己，可使人重拾自信，再大的困难也会克服，更利于个人成才。与人交往，肯定自己也要肯定别人，相知、相交成为朋友，水到渠成；面对挫折和失败，与朋友携手相互鼓励，才能共渡难关。只有这样才能找到不遗余力帮助你做到“你和奥巴马有了一次亲密约会”的朋友及人脉。

独善其身，少给他人添麻烦

2009 年春晚走红的小沈阳有句话讲得好：“一般我自己能做到的事从来不求别人。”在人际交往中，我们也应该注意这一点——独善其身，少给他人添麻烦。

有这么一个故事，我想很能说明问题。

一天，一个人在屋檐下躲雨，看见观音正撑着伞走过，这人说：“观音菩萨，普度一下众生吧，带我一段如何?”

观音说：“我在雨里，你在檐下，而檐下无雨，你不需要我渡。”这人立刻跳出檐外，站在雨中说：“现在我也在雨中了，你该渡我了吧?”观音说：“你在雨中，我也在雨中，我不被淋，因为有伞；你被雨淋，因为无伞。所以不是我渡自己，而是伞渡我。你要想渡，不必找我，请自找伞去!”说完便走了。

第二天，这人遇到了难事，便去寺庙里求观音。走进庙里发现，在观音的像前也有一个人在拜，那个人长得和观音一模一样，丝毫不差。

这人吃惊地问：“你不是观音吗?”

那人答道：“我正是观音。”

这人又问：“那你为何还拜自己?”

观音笑着说道：“我也遇到了难事，但我知道，求人不如求己。”

的确如此，求人不如求己。如果自己有能力办到的事情就不要去麻烦别人。当然，也不是绝对。一个人的能力总是有限的，不论在生活中还是在工作中，任何人都有力所不能及的事情，也会有身陷困境无力摆脱的时候，这种情况下，寻求别人的帮助常常是解决问题、摆脱困境最有效的方法。但是求人必须要有原则，应该时刻注意：可以向别人求助，但要少给他人添麻烦。

如果不论大事小情，不分轻重缓急，遇到问题和困难就请人帮忙解决，那么就会因过多地麻烦别人而使人厌烦。更有甚者，拿麻烦人当成家常便饭，视作理所当然，其实这是缺乏礼仪修养和不尊重他人的表现。在与人交往中，这样的人不仅无法拓展人脉资源，而且已有的朋友和人脉资源也会不断流失。

在争取成功的过程中，一个人要培养自立意识，学会自立往往比得到资金支持更加重要，依赖心理一旦形成，不仅无法自立，而且将永远不会获得成功。生活中，每个人都会遇到困难和问题，在争取成功的道路上，也会有挫折和失败，只有培养自己的自立意识，才能在解决困难和问题的过程中逐步提高自己的能力和品德修养，只有战胜成功道路上的挫折和失败，才能不断成长和进步。

要成为一个自立的人，首先要对自己充满信心，坚信自己有能力解决各种问题；其次要立刻思考解决问题的办法；最后，也是最重要的，就是马上着手解决。很多问题和困难由于事发突然，又比较紧急，给人的感觉往往是无从下手，其实，只要细心观察，冷静思考，可能很快就会找出解决的办法，即使一时没有完整的解决方案，只要立即着手尝试处理，就有找到解决办法的希望，不试着去做，问题永远不会解决。很多问题和困难，试着处理了就会发现，往往比想象的容易得多。

人生在世，肯定会遇到自己解决不了的问题，也会遭遇自己无力摆脱的困境，这种情况下，就应该请求别人帮助解决；但向别人求助之前，也要深思熟虑。首先，要确定哪些困难应该向别人求助；其次，要事先选择求助方向和求助对象；最后，学习、掌握求助的技巧。简单地说就是：求助什么、向谁求助、怎样求助。

对于要向别人求助的事情必须有所界定，尤其是那些向别人求助后各有利弊的事，而像“你也可以约见奥巴马”这样的事则比较容易确定；另外，对于经过自己尝试后确实无法解决的问题，才能向别人求助。

求助对象要先考虑熟人，然后再选择政府部门，最后考虑社会机构。

向别人求助的技巧有很多，重点主要有：

诚心求助，要将自己的困难坦诚地告诉别人，被求助者才不会袖手旁观；求人办事之前，要力争先替人办些事。办不了大事，办小事，办不了小事出点力、尽点心；要礼貌客气，让对方乐于接受；勿自以为是，以免对方心有他想。

一般人际交往中，即使不求人，都要客客气气、待人以礼。如果有求于人，更应该多些礼貌，这样人家才能给予考虑。求人如果还不讲究礼貌，即使人家有能力帮你，也会因为你的自以为是而拒绝替你分忧解愁。

要理解对方，让人有思考的余地；不要强人所难，意气用事。求人办事，要考虑人家是否能办到。有些事你认为人家办不成，实际上未必。如果人家诚心诚意向你表示爱莫能助，也不能强求。即使人家能办到而不愿帮忙，也不能就此给人难堪。不愿帮忙有不愿帮忙的理由，求人者应该多些自知之明，另想办法。如果人家有顾虑，应给人家充分的考虑时间，千万不能因一时没有答应便意气用事，强人所难。

求人必须考虑事情的可行性，如果你的要求是合理的、可行的、有望实现的，那么求人才有现实意义；否则，不是自寻烦恼，便是让他人不高兴。

合作互利是构建人脉资源网络的原则和策略，一个人应重视向已有的人脉求助，如果注意把握分寸，有时求助别人反而能表明你对别人的信赖和看重，能在一定程度上起到融洽关系和加深感情的作用。当然，向已有的人脉求助往往很难互利，所以，一个人最好还是能够做到独善其身，少给他人添麻烦。“不要给别人添麻烦”，是对别人的理解和尊重，也显示着一个人的修养。要想获得成功，就一定要有自立意识，能自己解决一定不要轻易求助于人，更不要在没有困难的时候求助于人或打扰别人。给别人添麻烦，最终就是给自己找麻烦。

沟通能力能为你的人脉加分

石油大王洛克菲勒说："假如人际沟通能力也是同糖或咖啡一样的商品的话，我愿意付出比太阳底下任何东西都高的价格购买这种能力。"这句话的确没错。一个人只有能够与他人准确、及时、有效地沟通，才能建立起牢固的、长久的人际关系，进而为你的人脉加分，使你在事业上如虎添翼，最终取得成功。

相反，如果沟通不畅，往往会得罪人，失去朋友。这可是大事!

有一个人请了甲、乙、丙、丁四个人吃饭，临近吃饭的时间了，丁迟迟未来。

这个人着急了，一句话就顺口而出："该来的怎么还不来?"

甲听到这话，不高兴了："看来我是不该来的?"于是就告辞了。

这个人很后悔自己说错了话，连忙对乙、丙二人解释说："不该走的怎么走了?"

乙心想："原来该走的是我。"于是也走了。

这时候，丙对他说："你真不会说话，把客人都气走了。"那人辩解说："我说的又不是他们。"

丙一听，心想："这里只剩我一个人了，原来是说我啊!"最后，丙也生气地走了。

由此可见，沟通作为人际交往的一个技巧是多么重要啊。

一个人要想获得成功，就要真正重视"自己的沟通能力可以为人脉加分"这句话，时刻学习、掌握与人交往的沟通技巧，并落实到日常生活和工作中。

在生活中与人沟通时一定要注意两点：

第一，敞开心扉，开诚布公。只有这样才能增进相互间的感情，架起信任的桥梁，使沟通成为增强团结的黏合剂。敞开心扉、开诚布公就是指相互之间面对面、心贴心地交流，不能隐瞒、撒谎甚至捏造事实等；否则，沟通就是无效的，他人也很难跟你交心。

第二，注意平等交流。沟通不是下命令、发指示，而是谈想法、讲道理，晓之以情，动之以理，绝不能以声唬人，更不能以势压人。双方只有在平等的基础上才能建立有效的沟通。

一个人有两只耳朵和一张嘴，在与人交往中，最基本的沟通技巧就是多听和少说。如果总是急于发表自己的意见和见解，不肯给别人说话的机会，那么一定不会招人喜欢，也将注定无法积累更多的人脉。每个人都认为自己的声音是最重要、最动听的，都有迫不及待表达自己的愿望，因此，友善的倾听者自然成为最受欢迎的人。卡耐基曾说："专心听别人讲话的态度，是我们所能给予别人的最大赞美。"这正是一个人应该掌握的最基本的沟通能力。

能多听，更要善于倾听，使沟通能力逐渐提高。善于倾听在与人交往过程中作用很大，善于倾听无形中起到了褒奖对方的作用，可以缩短交往对象之间的心理距离；仔细认真地倾听对方的谈话，是尊重对方的前提；能够耐心地听说话者诉说，说话者的自尊就能得到满足，进而彼此成为朋友或者做成生意也是顺理成章、水到渠成的事。否则很可能会因为你没有倾听而失去成交的机会。

乔·吉拉德向一位客户销售汽车，交易过程十分顺利。当客户正要掏钱付款时，另一位销售人员跟乔·吉拉德谈论起前一天的篮球赛，两人有说有笑，乔·吉拉德一边跟同伴津津有味地说笑，一边伸手去接车款。这时，客户却突然掉头而走，连车也不买了。当时，乔·吉拉德马上追上去询问，但客户什么也没说就走了。

乔·吉拉德苦思冥想了一天，不明白客户为什么对已经挑选好的汽车突然放弃了。夜里11点，他终于忍不住给客户打了一个电话，询问客户突然改变主意的理由。客户不高兴地在电话中告诉他："今天下午付款时，我同您谈到了我的小儿子，他刚考上密西根大学，是我们家的骄傲，可是您一点也没有听见，只顾跟您的同伴谈篮球赛。"这时，乔·吉拉德才明白，这次生意失败的根本原因是自己没有认真倾听客户谈论自己最得意的儿子。由此可见，倾听是很重要的。

除了倾听，赞美别人也是重要的沟通技巧。美国钢铁大王卡内基 1921 年付出 100 万美元的超高年薪聘请一位执行长夏布。许多人不理解，卡内基解释说：“因为他最会赞美别人，这也是他最值钱的本事。”而卡内基为自己写的墓志铭是：这里躺着一个人，他懂得如何让比他聪明的人更开心。

在生活中，很多人感觉与陌生人交往十分困难，最主要的原因是心理障碍。人与人越陌生，彼此间的心理距离就越大，以致造成陌生人之间有一种互相防范的心理。与陌生人沟通交往，除了倾听、赞美之外，如果能够进一步做到既对陌生人的语言信息有反馈，又对陌生人的非语言信息有反馈，那么就能有效拉近彼此的心理距离，变得与陌生人更亲近，也更容易与陌生人成为朋友。

当今社会，沟通能力仍以说为重，会说比会听的效果更直接，效率也更高。如今，在公共场合极力张扬自我是成功者必备的素质；但会说还要注意留出空间和时间，让别人也有说的机会，这样才能抓住更多人的心，交到更多的朋友。

做一个别人想靠近的人

人脉资源的拓展工作就是通过与人交往，使更多的人成为自己的朋友和人脉资源，并在不断积累人脉资源的基础上，构建丰厚的人脉资源网络。现实生活中素质水平差别不大的人，与人交往时却往往有着不同的结果，有的人与别人交往轻松自然，别人也愿意和他成为朋友；而有的人却连和别人说话都紧张，别人自然也不愿意与这样的人为友。导致两种不同交往结果的原因，就是通常所说的亲和力。

生活中，没有亲和力的人，往往是别人不想靠近的人；有亲和力的人，才能吸引别人，别人也更乐于接纳这样的人成为朋友。要想构建自己丰厚的人脉资源网络，就要使自己成为别人想靠近的人，在人际交往中做一个有亲和力的人。

海伦是从英国伦敦来的一位颇具经商头脑的人。她烫着当今最时髦的头发，穿着最考究的衣服，是一个有品味、有气质的女人。海伦因为想放慢生活节奏，得到更多的归属感，便搬到了东南部的一个小城镇。

尽管她喜欢这个小镇和那里的居民，但是感到自己不受欢迎。最终，她的一位朋友给她指出，她的穿着和交谈方式让当地人觉得她在装腔作势，高人一等。

听了朋友的话，海伦才如梦般初醒。从那以后，海伦特意穿得很随意，与人谈论当地的事情，多参加社交活动，试着让自己更加容易接近。久而久之，她变得非常受欢迎了。

谁都想做一个受人欢迎、容易接近的人。只要你放下架子，不摆谱或者不那么耍聪明，大家都会喜欢跟你在一起。哈佛商学院的蒂齐亚纳·卡夏罗和杜克大学的索萨·洛沃两位管理学家分析了多种职场中的人际关系，得出的结论是："大多数人宁愿与讨人喜欢的傻瓜一起工作，也不想和有本事的讨厌鬼共事。"

生活中的确如此。这样的领导也容易受人尊敬，员工也更加爱戴他。原东芝董事长土光敏夫就是这样一个人。

1964年，68岁高龄的土光敏夫就任东芝董事长，他经常独自一人遍访东芝散设在日本各地的30多家企业。更难能可贵的是，他常常提着一瓶一升的日本清酒去慰劳员工，与他们共饮，这让员工们大吃一惊，有点不知所措，又有点受宠若惊。没有人会想到身为大公司董事长的人，会亲自提着笨重的清酒来跟他们共饮。因此工人们称赞他为"捏着酒瓶子"的大老板。

亲和力能有效缩短人与人之间的心理距离，具有亲和力的人，会让人感觉亲近，更容易得到别人的肯定与接纳，因此也更容易与陌生人成为朋友。亲和力是一种不容忽视的能力，但亲和力不是人人都有，有的人天生就有，而有的人让人感觉天生就不够亲和。亲和力可以使一个人获得更多的人际资源，并为自己赢得更多的机遇，因此亲和力是很多人梦寐以求的能力。当然，人的亲和力也能够在生活中通过有意识地培养而形成，且对有的人也很有效，比如，在与人交往中赞美别人，交流沟通时多做倾听者，说话只说大家都感兴趣的轻松话题，如果与人交往中有意尝试着这样做，时间长了就能培养出亲和力。

与人交往，一个有亲和力的人可以左右逢源，广结人脉，有助于人脉资源网络的构建；如果没有亲和力，就要有意识地加以培养。那么，在日常生活中应该怎样培养自己的亲和力呢?

第一，要做到真诚与人交往。

人与人的交往是心与心的交流，不真心待人就不可能赢得别人的真心相待。真诚才能交到朋友；没有真诚，一个人掌握再多、再好的交往技巧，也不可能交到真正的朋友。亲和力同样出于真诚，只有真诚待人，才能逐渐培养和形成一个人的亲和力。

第二，要主动与人交往。

主动接触陌生人，也会缩短彼此之间的心理距离。心与心的距离越近，就越容易彼此肯定和接纳，这是有亲和力的人能够自然做到的事，没有亲和力的人通过培养也可以逐步做到。只要待人热情主动，就有助于亲和力的培养和形成。

第三，要以平和的心态与人交往。

心态平和，待人就能包容谦虚，才能让人感到亲近。如果总是争强好胜，过分计较个人得失，就会让人难以接受，与人交往就不可能关系融洽，也不可能得到别人的认同。因此，亲和力的培养和形成必须要有平和的心态。

第四，与人交往不能目中无人。

目中无人往往不是恃才傲物，就是孤芳自赏，总之，就是自视甚高。一个人要有自信，肯定自己的能力。但不能过分，过分相信自己就会自得、自傲，对自己往往只看到长处，看不清不足；对别人则正好相反，眼中只有别人的不足，看不到别人的特长，因此就会恃才傲物，对别人语言凌厉，对某方面不如己者，要么不屑一顾，要么恶语相向，更有甚者，以己所长，量人之短，讽刺挖苦别人。

另一种表现就是孤芳自赏，这种人虽然不会竭力表现自己，但对别人的所作所为和喜好冷眼漠视，与人交往只会谈论自己擅长的事，对别人感兴趣的话题却提不起兴趣， 不屑谈及。在人际交往中，这样的人别人避之唯恐不及，怎么可能会与之交往。要想培养和形成自己的亲和力，待人接物绝不能目中无人；否则，即使身处人海之中，遇事也会孤立无援。

另外，与人交往也不能自卑。一个人对自己毫无信心，就会轻视自己，总觉得自己不行，总怕别人瞧不起自己，这样就会不愿与人交往，同样无法培养自己的亲和力。

一个人要想获得成功，就要做一个别人想靠近的人。如果自身具有亲和力，那么在与人交往中就要善加利用，这样会有助于与陌生人成为朋友；如果不具有亲和力，就要努力培养，这样才能使自己的人脉资源不断积累，为自己的成功提供强大的助力。

第3章

以奥巴马之名，呼叫朋友：“杀熟”也是一门技术

熟人介绍是一种事半功倍的人脉资源拓展方法，它具有倍增的魅力。我们都是社会人，每一个人的人脉圈子首先都是从对身边熟人的接触和积累开始。一个人的能力再强，他的精力和时间也毕竟有限，要想产生几何指数的倍增威力，短时间开发出大量的人脉资源，就必须向身边人寻求帮助。在人脉资源网络的维护中，我们要做一只精心织补自己网络的蜘蛛，查漏补缺。

口碑是金字招牌

对中国传统文化有一些了解的人，都会知道民间的口碑一说，口碑所传播的都是值得称道的人或事。如今，虽然现代传播工具充斥于社会，但口碑依然珍贵，而且口碑的作用和传播范围远远大于古代，口碑传播的内容也涉及现代社会生活中的方方面面，唯一不变的是：口碑传播的都是在老百姓心里有很高认同感的人或事，因此，将口碑作为成功的一种标志理所应当。

当今社会，不论是人还是事，一旦能够通过口碑传播，或是被人指称为有口碑，其实就是取得了成功。人脉资源网络是由人构成的，自然也会有不同的口碑传播其间。一个人有口碑，不仅说明其各方面都优秀，而且更有超乎众人之处。

现实社会中，一个人如果拥有口碑这块金字招牌，就会得到很多好处，甚至是直接的经济效益。比如你经营的产品质优价廉，那么你的产品就会一传十，十传百，进而给你带来非常可观的经济效益。

人脉资源网络中同样如此，一个人有口碑在网络中传播，会给网络中还不太了解的人留下良好的印象。与一个有口碑的人交往也会更放心，如果需要与朋友的朋友交往，也可以使朋友放心地推荐给他的朋友，这对于拓展人脉资源有无法估量的好处。毕竟，与朋友的朋友成为朋友是人脉资源拓展最有效的方式。当然，人脉资源网络中的口碑与现实生活中的口碑有不同之处，其最大区别可能就是传播范围；但两者却有相同的本质，人脉资源网络中的口碑对一个人争取现实社会中的成功也会具有极大的帮助。

对“你也可以约见奥巴马”这件事来说，你在人脉资源网络中有口碑，就会给朋友留下良好的印象，也可以使朋友放心地把你推荐给他的朋友，最终真正做到“你和奥巴马有了一次亲密的约会”的可能性远远大于没有口碑的人。口碑作为成功的一种标志，被冠以金字招牌的美誉，不论在现实生活中，还是在人脉资源网络中，每一个人都应该争做有口碑的人。

那么如何才能做一个有口碑的人呢？

要成为一个有口碑的人，不仅各方面都要优秀，而且更要有超乎众人之处。当然，树立口碑不是一朝一夕的事，也不是一招一式的花架子就能做到。下面就来具体说明。

第一，与人交往中，个人品质非常重要，一定要做一个真诚守信的人。我们从小就听过“狼来了”的故事，故事里的那个孩子终将遭到报应。所以失信的人最终只能是搬起石头砸了自己的脚。除此之外，还要乐于助人、虚心谦和，更要有亲和力。对待别人要有宽容的态度，绝不可因为鸡毛蒜皮的小事与人吹胡子瞪眼。

第二，与人交往中，要注意自己的仪表，着装非常重要。要给人以专业、整洁、干练的印象。人总是把对方的服饰衣着和仪表风貌与一个人的地位、身份、修养联系在一起，因此，在不同场合，尤其在社交场合下更应该打扮得体，具有个性魅力；否则会给人以粗俗、卑贱的印象，而且衣冠不整、皮鞋带泥、领带歪斜等也是对人不敬的表现。

第三，与人交往中，要注意自己的谈吐。一个人有没有才气最容易从讲话中表现出来。在与人交往时，要注意环境气氛，决不要喧宾夺主自说自话。要有幽默风趣的言行，幽默而有分寸，风趣而不显轻浮，给人以美的享受。与他人处好关系，耐心倾听他人的讲话也是十分必要的。要善于表达自己的情感与想法；注意在不同场合讲话的分寸；不讲不该说的话；在谈话中，注意谈及对方感兴趣的事情和最为珍视的东西，使他人高兴，这样你也不难与之接近了。

第四，与人交往，要注意自己的行为举止。行为动作是一个人内在气质、修养的表现。男子的举止要潇洒、刚强；女子的举止要优美、含蓄。一般情况下，大方、随和、乐观、热情的人总会受人欢迎；而过分自我炫耀、举止粗鲁或过于拘束的人则让人生厌。

口碑是金字招牌，要成为一个有口碑的人，在与人交往中，需要学习、掌握的东西很多，既要把握全局大方向，也要注意细节；与人交往不仅要有信心，谦虚同样非常重要。总之，做人要树立口碑，这是人的一生谁也无法夺去的财富。口碑就是行走天下的通行证！

融入圈子，同流而不合污

当今社会，分工越来越细，随着知识经济时代的到来，各种知识、技术不断推陈出新，竞争日趋紧张激烈，市场需求越来越多样化。在很多情况下，个人的能力是有限的，即使精力再充沛，单靠个人能力也很难完全处理各种错综复杂的信息并采取切实高效的行动，只有合作才是唯一可行的工作方式。合作是必要的，也是必需的，一个人只有融入团队，与别人相互依赖、相互关联、共同合作，才能有所作为。

很多拥有高学历的人，尤其是初入社会的年轻人，往往过于看重自己的学历和学到的专业知识，在步入社会时表现出自负和自傲，总是过分相信自己的能力，认为凭借个人一己之力就可以把工作轻松地做好，而不需要他人帮助，因此不屑于与人合作，甚至把与人合作看做是有辱自己身份的事。而社会的现实是，即使一个人能力再强，要做成一件事，很多时候都需要别人的合作。

人脉资源网络的建设同样如此，人脉资源不仅要丰厚，做到人脉多、人脉广，而且更要高效，在需要时人脉资源能及时发挥作用，这两方面都不偏废，才能对一个人的成功有所帮助；而要做到如此，不仅要将自己的人脉资源网络打造成高效的团队，而且自己也要能够融入不同的团队之中。

所谓团队，是由一些才能互补、团结和谐并为负有共同责任的统一目标而共同努力的一群人的集体。团队不仅强调个人的工作成果，更强调团队的整体业绩。团队所依赖的不仅是集体讨论和决策以及信息共享和标准强化，它还强调通过成员的共同贡献，能够得到实实在在的集体成果，而且这个集体成果超过成员个人业绩的总和，即团队大于各部分总和。

一个人如果能够组成自己的人脉资源团队，那么“你也可以约见奥巴马”这件事就不是你自己一个人在做，而是有很多人一起共同努力、共同完成，这样不仅效率很高，而且真正做到“你与奥巴马有了一次亲密约会”的可能性也远远高于自己一个人的努力。因此，一个人应该将自己的人脉资源网络构建成一个团队，并真正融入其中，这样不仅能掌握更多的第一手资料，而且将有助于自己及自己的人脉资源共同取得成功。

真正融入团队对一个人有很多好处：融入团队，可以获得安全感。一个人在团队中可有效避免孤独、寂寞、恐惧等不良感觉；还可以满足自尊的需要。在团队里，可以利用各种正式和非正式渠道，互通信息、交换情报，沟通与各方面的联系。团队还能协调人际关系，促进成员之间的相互激励。团队内还可以有针对性地做好每个人的工作，化解团队内人与人之间的隔阂和矛盾，促进成员间思想和感情的交流，激发所有人奋发向上的愿望，团结互助完成共同的目标。

另外，团队还能有效制约某些人可能存在的不良思想和行为，有利于个人能力和品德修养的提高。将自己的人脉资源网络打造成高绩效团队，其中每个人都被分配了合适的角色，并对各自的工作具有一定的自主权，这样有利于每个人都有较强的工作动力和良好的精神状态，有助于每个人对自己都充满自信和自尊。

在社会多元化的今天，人不是孤立的，每个人都要融入某个团队，融入团队是一种氛围，是一种潮流，人生在世，每个人必须要适应社会的这种状况，而不能指望社会来适应自己。

现实社会中，所谓同流往往不是一个人能选择和回避的，只要工作、生活，就注定要与某种“流”同流。工作中，一个人既要联系领导，又要团结群众，才能营造和谐的工作氛围。生活中，当朋友都兴高采烈地讨论外出旅游时，其中一位却冷冷地说不去；当同事结婚，大家喜庆地凑份子时，一个人偏要毫无理由地拒绝。显而易见，这样不同流的人自然不可能有很好的人际关系。

当然，对于融入团队，每个人也应该有清醒的认识，毕竟每个团队都是由很多不同的人组成的，每个人都有不同的特点和长处，也会有个人的缺点和不足，一个人在团队中，自然会受到团队其他成员的影响，其中有对个人发展有益的影响，也有对个人成长不利的影响。

俗话说：“常在河边走，哪有不湿鞋。”同流自然会有危险；但同流与合污没有必然联系，而现实生活中，同流与合污又往往只有一步之遥。

对个人而言，融入圈子、团队，做到同流而不合污，首先，要对想要融入的圈子有所选择，要对圈子、团体进行全面、透彻的了解，一个人一旦失察，如果加入的圈子、团体风气不正，那么即使一个人的能力和品德再好，也很难做到不合污。

其次，要想做到同流而不合污，就要对圈子、团体中的成员有所选择，要选择与有能力、有品德的人交往，远离圈子中不好的人或事。如果总是与团体中品德不好的人为伍，那么要想做到不合污，通常也意味着不能融入圈子、团队；而与圈子中能力强、品德好的人多交往，不仅有利于融入圈子，而且更能有效避免被污。

最后，一个人既要做到融入团队，在团队环境中与别人同流并得到帮助，又要做到“出淤泥而不染，濯清涟而不妖”，其实最重要的还在于自身，所谓的清者自清、浊者自浊，一个人只要把握、遵循做人的基本原则，凡事都给自己设定道德底线，并能够为社会、团队中的其他人所接受和认同，自然就能做到同流而不合污。归根到底，命运永远掌握在每个人自己手中。

总之，一个人在扩大自己的人脉资源时，需要融入团队，融入圈子，与其他人“同流”才能更好、更快地积累自己的人脉资源；而对于圈子、团体中不好的人或事，每个人都要保持清醒，做到不被圈子、团体中不好的方面所影响，更不能“合污”，这样既能充分发挥团队的作用，又能有效避免不良因素给个人造成的不利影响，从而使人脉资源网络在争取成功的过程中发挥更大作用。

想想你能为别人做什么

人脉资源对于成功的作用为越来越多的人所认识和重视，而对于如何构建自己的人脉资源网络，很多人常常会感到无从下手。一方面，开始时每个

人所认识、熟悉的人都很有限，拓展人脉从朋友开始，虽然效率较高，但常会感到潜力不大；另一方面，拓展人脉从陌生人开始，虽说理论上有 60 亿人，但实际生活中，陌生人之间的隔膜常常难以突破，要想与陌生人交往成为朋友，先不说成功率有多大，就是初步了解陌生人都要花费很多时间，交往的结果往往是事倍而功半，难以有效积累人脉。

俗话说：“一个简单的行为胜过千百次复杂的思考。”构建人脉资源网络与其从选择人开始，不如从帮助人开始，可能更为有效，只要主动关心、帮助别人，不论是否认识，都可能成为朋友。一个人若只顾自扫门前雪，不管别人瓦上霜，把帮助别人看做是自找麻烦、自讨苦吃，那么没人会愿意与这样的人成为朋友。

打个比方，如果你在奥巴马最需要时帮助过他，相信做到“你与奥巴马有了一次亲密的约会”根本就用不着“你也可以约见奥巴马”，可能他现在正心急火燎地找人与你联系呢。相反，即使奥巴马知道你的存在，而“你也可以约见奥巴马”这个口信现在对你也很容易办到，但已经是美国总统的他，估计不用 5 分钟就能想出 100 条理由来回绝你，虽说要真正做到“你与奥巴马有了一次亲密约会”并非绝无可能，但至少是希望渺茫。

一个人开始构建自己的人脉资源网络，不妨先想想你能为别人做什么；甚至连这也不用想，走出家门环顾一下四周，如果发现有人需要帮助，走过去伸出你的手，可能马上你就会多了一个朋友。一个人能够主动做到在别人需要时及时提供帮助，那么他成功的道路无疑会比别人平坦很多。

很多社会学家研究后发现，一个人能够主动帮助别人，往往能得到更多的帮助。正如我国一个禅宗故事所说，一位盲人走夜路时总是打着灯笼，他虽然自己看不到光明，却为其他的路人带来了光明，而这种帮助也使他自己免于受到被人撞倒之苦。在生活中与人方便，其实就是与己方便。帮助别人，实际上也就是帮助自己，一个人助人为乐的时候，往往就是机遇降临的时候，即使在平凡的生活中，主动帮助别人也能孕育奇迹，给人生带来一片光明。

巴西有位贫困的小男孩儿非常喜欢踢足球，但他买不起足球，于是一位足球教练送给了他一个足球。圣诞节到了，男孩向妈妈要了一把铲子，来到教练别墅的花圃里开始挖坑，教练从别墅走出来，问小男孩在干什么。

小男孩说："教练，圣诞节到了，我没有礼物送给您，我想给您的圣诞树挖一个树坑。"教练把小男孩从树坑里拉上来："我今天得到了世界上最好的礼物，明天你到我的训练场去吧。"从此，这个男孩真正踏上了成功的道路，后来在足球世界杯上大显神威，为巴西第一次捧回金杯，他就是球王贝利。

一个人主动帮助别人而获得回报的故事很多，其实对给予别人帮助的人而言，往往比接受别人帮助的人更容易得到心理满足，这是很多心理学家经过研究后得出的共同结论。

俗话说："助人为快乐之本。"在帮助了他人之后，你就会发现，最快乐的是你自己，并且，你从中还会增强自己发现问题、处理问题的能力。在帮助别人的同时，还会使自己的自信心充分提高，从而获得强者的感觉，这种感觉能激励每一个人在争取成功的道路上奋发图强。给别人的帮助越多，收获也就越大。俗话说："赠人玫瑰，手留余香。"主动帮助别人，自己就会有快乐的感觉。

现实生活中，很多人表现出自私自利的人性弱点，甚至为了自己的利益，不惜损害他人的利益。很多人也知道求人帮忙的难度相当大，所以有人形象地将求人说成比登天还难。而我们常说："平时多助人，难时有人助。"一个人如果先做到助人，关键时候往往会得到别人主动的相助。心理学家马斯洛指出，人都有爱和被爱的需要。我们更关注被爱和受尊重的感受，却往往忽视了爱与尊重他人的前提。其实，只要主动去关照、帮助别人，往往不用求人就能成事。

主动帮助别人于人于己好处很多，但主动帮助别人不应企望事事得到回报，要设身处地为别人着想，出于真诚的助人才能收获更大，只有从他人角度考虑问题，才能做到真诚地帮助别人。一位学者说："太在乎自己的人，尽管并不觉得自己孤单或无聊，但可能和别人的接触并不好。把注意力转移到别人身上，去注意、接触、倾听和了解，当你注意别人时，你对他们就更有吸引力，也会引来更多热情。"

真诚助人其实不难，它只需要你多站在他人的位置上体悟他人的感受。一个小女孩摔倒在草地上，趴在那儿大哭起来。一个小男孩跑过来没有去拉她，而是自己也摔了一跤，女孩破涕为笑。帮助他人的最高境界是助人自助，也就是帮助别人时要学会自己帮助自己。

凡事出于真诚，时时顾及他人，主动帮助他人，往往更容易赢得别人的真心相待。美国埃·哈伯德说：“聪明人都明白这样一个道理，帮助自己的唯一方法就是去帮助别人。”

很多人在建立和扩大人脉资源网络时，都会有无从下手的感觉，事实上，只要能在别人需要帮助的时候主动伸出热情之手，那么构建丰厚而高效的人脉资源网络并不困难。

人到用时方恨少

有些人总觉得人到用时方恨少。那么你是否检讨过自己呢？是不是平时疏远了老朋友或对老朋友敷衍了事了？如果平时对老朋友敷衍了事，那么一旦有事，自然很难得到帮助，人脉资源网络也会因朋友流失而逐渐消亡，最终，必将面临人到用时方恨少的尴尬局面。

高效的人脉资源网络离不开朋友的支持与帮助。朋友值得每一个人去珍惜，因此平时一定注意与朋友培养、联络感情，只有平时经常联络，朋友才不会疏远，而且一旦出现问题，朋友才会心甘情愿地帮助自己。人都是有感情的，如果与朋友从来没有联络过，彼此将会变得陌生，请求朋友办事时，没有了友情即使曾经是朋友也很难得到别人尽心尽力的帮助。对于自己的人脉资源，只有不断维护，才能在需要时发挥作用。

很多人认为，人际交往是一个短线交易，不用进行马拉松式的感情投资。其实这样想就大错特错了。感情绝不是一朝一夕就能培养出来的，要靠平时一点一滴地积累，我们应该做的是平时抱佛脚，而不是临时抱佛脚。试想一下，如果一家人整天大门不出二门不迈，也不欢迎别人到家里来做客，那么在他有事时会有人帮助他吗？没有，即使有也很少，这是肯定的。

良好的朋友关系需要平时与朋友保持经常性联系，友情才能在交流中不断培养出来。朋友之间也需要感情投资，平时多交往是加深感情的方法，只有这样才能真正维护好与朋友的关系，在危急关头朋友才能帮上大忙，真正起到排忧解难的作用。朋友关系的维系要靠自己努力，这样才能使自己的人脉资源越来越广，朋友越来越多。

当然，结交朋友应该根据彼此的投缘程度来确定安全距离，一般的朋友距离远一些，生死之交和道义上的朋友距离近一些。但朋友关系再好，彼此也应保持一定距离。过分关心别人，包办本应别人自己干的事，那样只能使对方感觉腻味、厌烦。朋友之间可以亲密，但更要有间。

生活中，朋友之间的联系应该是经常性的，并非可有可无。不论在生意场还是在日常生活中，与人交往应处处留心，善待每一个关系伙伴，要从小处、细处着眼，绝不能对朋友敷衍了事。

下面就来具体讲一讲：

（1）一般来说，对于初识的人，交际中的进展速度与接触的频率成正比。也就是说，如果经常联系、接触、见面，那么彼此之间的距离会被拉近，形成比较亲密的关系。

（2）抓住婚丧嫁娶等事的时机。因为在这种场合，会遇到很多亲朋好友，所以，这也是保持密切联系的一个方法。如果实在有事不能亲自到场，最好请人捎个口信或捎些东西过去。

（3）抽时间给远方亲人、朋友打电话或发信息，询问对方的情况，然后再诉说自己现在的情况。

通过类似上述方法与他人交往，增进了彼此的感情，这样，朋友才会在你困难的时候伸出援助之手。

生活中，每个人都不能缺少朋友。一个没有良好人际关系的人，即使再有知识，也不可能有施展的空间，想要成功也只能是一句空话。敷衍了事的人往往工作效率较低，阻碍了自己发展和进步的道路，而且会给人们留下做事不负责、工作粗心大意的坏印象，从而很难获得别人的信任，自然也就无法获得别人的尊重。

俗话说：“平时不烧香，临时抱佛脚。”在与朋友交往时这样做肯定不行，人脉资源不仅需要拓展，更需要维护。人脉资源要用礼貌、诚实、仁慈与信用来维护，只有这样别人才会信赖你，信赖可以带来轻松，需要时朋友才能发挥作用。

与朋友交往，首先要信守承诺，答应朋友的事必须做到；否则，朋友只会越来越少。

其次是要诚恳正直，背后不说朋友短处是诚恳正直的基本表现。在人后更要保持尊重之心，这样才能赢得别人的信任。同时也要理解别人，理解是一切感情的基础，要想被别人理解，就要先理解别人。

最后，与朋友交往还要注意小节。一些看似无关紧要的小节，如疏忽礼貌，不经意地食言，往往对与朋友交往的影响很大。在人脉资源网络中，要重视小事的作用。与朋友交往，知恩图报是人之常情，平时多帮助别人，是加大感情投资的实际行动，这样，自己一旦遇到困难，朋友也会尽心尽力帮助解决。

一个人工作中只有尽职尽责，才能做好自己的工作，使自己的人生价值获得提升。与人交往同样如此，只有平时对朋友认真负责，不敷衍了事，才能在需要时得到朋友的帮助，在自己争取成功的过程中发挥应有的作用。

在没事的时候联络老朋友

不论在生活中还是在工作中，每当遇到困难和问题，自己的人脉资源都能及时发挥作用，替自己排忧解难，这样的人脉资源网络对一个人争取成功才是帮助最大的。要使人脉资源网络真正发挥作用，就要尽量做到平时没事时也保持与朋友联络，随时随地进行感情投资，这样关键时才能得到朋友帮助。

与人交往，朋友关系会随着见面次数的增加而加深，也会因久不见面而日渐疏远。对于朋友，很多人觉得大家已经很熟了，没事还与朋友联系，这样不仅自己麻烦，朋友也会感到厌烦，其实这样的想法往往不利于与朋友交往，而且也是片面的。试想只有在有事时才与朋友联络，先不说能否联系到，就是联系到了，如果朋友工作变了你都不知道，怎么还能替你解决问题呢？总在有事时才联系朋友，无异于临时抱佛脚，也会给人留下不好的感觉，因为接到你的电话肯定有事、有麻烦，这样，朋友怎么还会乐意接你的电话。

现实社会中，朋友联系越多，关系才能越融洽；一段时间不联系，朋友之间也会逐渐淡忘。至于说到时间，不过是一种偷懒的借口罢了。如今，现代通信手段多种多样，与朋友联络感情不一定非要见面，利用网络、短信、电话等与朋友保持联络，既简单又快捷方便，根本不会占用多少时间。与人交往最需要的是感情投资，平时保持联络是一种最经济的投资，如果连给朋友打电话都觉得麻烦，待有事需要朋友帮助时，怎么可能要求朋友做到尽心尽力。不能帮朋友解决困难，还总要朋友替自己排除麻烦，这样的朋友关系绝对不可能长久。

一个人要想让自己的人脉资源网络始终保持有效，办法非常简单，没事多联系，打个电话、发个短信，问候一下朋友。只要与朋友常联系，平时多交流，时时进行感情投资，那么等你有事时，朋友一定会尽力帮忙。

所谓老朋友是指彼此已经有了相当程度的了解，彼此之间不受时空的阻隔，一直保持着联系的朋友，这种朋友才更难能可贵。随着时间的累积，人的思想也会日臻成熟，对人生的看法也会更加透彻，老朋友往往更值得信赖。老朋友显示着自己的人生过程，不重视老朋友就是不重视自己的过去。老朋友或许比不上新朋友来得新鲜，但拥有愈多的老朋友就如拥有愈多的无形资产一般，重视老朋友也证明自己的品德值得朋友信赖，珍惜老朋友的态度，也能吸引新朋友与你主动交往。

与朋友联络感情，彼此见面交流无疑是最好的方式，有时间与朋友唱唱歌、喝点酒，虽然占些时间花点钱，但与遇到问题或困难时无人帮忙解决造成的损失相比，这点时间和金钱就不值一提了。与朋友交往不能斤斤计较，否则很难拓展自己的人际关系，再多的钱也买不到真正的朋友，怕花钱而失去与朋友联络感情的机会，与朋友失之交臂最终得不偿失。

与朋友见面交流也不需非要选择大块时间，工作中顺路探访朋友也能达到见面交流的目的，开会、出差的路上顺路探访朋友，即使是几分钟也可以；或者利用中午休息、会议间歇时间和对方一起吃个便饭，对与朋友保持联系、交流感情非常重要。朋友没时间，探访朋友的孩子也很好，这比拜访朋友本人更为有效，如果你去看了朋友的孩子，孩子自然会把这件事告诉朋友，而且这种方式更能体现与朋友关系的亲密。

工作之余、下班以后通常大家的时间会比较宽裕，可以约朋友聚聚，一块喝喝茶，这样不仅能互相联络感情，也是松弛紧张神经的好机会，让朋友带他的朋友一起参加，更能结交新朋友，有朋友介绍，交往时很容易有共同的话题，陌生人很快就能成为好朋友，这无疑是积累人脉的有效方法。

当今社会，工作、生活节奏很快，总与朋友见面交流可能也没有太多时间，因此，与朋友联络感情时要注意策略，不能因为忙而冷落了朋友，越忙越要与朋友保持联络。如今，各种通信手段方便快捷，不能见面也可以通过其他方式联络感情。比如，每逢节日给新老朋友发个祝福短信保持联络。以行业、同学等进行归类建 QQ 群，也是一个积聚人脉、维系情感的好方法。在一些恰当的日子，主动策划朋友或同学聚会，彼此对各种话题进行交流，感情自然递增。另外，也可以把自己的喜怒哀乐、成功与失意在电话中与朋友分享等。

平时与朋友交往联络感情，当然要顾及朋友的感受，比如，约朋友见面聚会就要考虑朋友的时间，不能给朋友添麻烦，如果朋友无法脱身，更要有理解的态度，而不能抱怨朋友。聚会时，如果朋友带新朋友一起参加更要注意，首先不能冷落了朋友的朋友，其次与新朋友谈论老朋友要把握分寸，最好不要和老朋友介绍的朋友单独见面，与老朋友一同与新朋友交往会更合适。如果朋友正处于失意时，聚会中要留意朋友的感受，尽量不要大谈自己如何得意，而要主动安慰、鼓励朋友，探寻帮助朋友摆脱困境的办法，如果自己有能力替朋友解决，务必伸手，责无旁贷。

没事时多联系老朋友，平时多打电话、发短信联络感情，及时了解朋友近况，朋友有麻烦努力帮助解决，结交新朋友，不忘老朋友。一个人在与人交往中一定要重视这些方面，有事找人是用人，没事找人是情感投资，这样才有利于使自己的人脉资源网络长久保持高效，也会为个人争取成功提供最大的帮助。

乐于和朋友分享

世界上，有些东西是越分享越多，更重要的是，分享将会使更多人与你一起有这样的感觉。乐于和朋友分享是一种最好的建立人脉网的方式，你分享的越多，得到的就越多。

世界上有两种东西是越分享越多的：一种是智慧、知识，另一种是人脉、关系。正如萧伯纳所说：我有一个苹果，你有一个苹果，交换一下每人还是一个苹果；我有一个思想，你有一个思想，交换一下每人至少有两个以上的思想。同理，你有一个关系，我有一个关系，如果各自独享，则每人仍是一个关系；如果拿来分享，交流之后则每人拥有两个关系。你分享的东西如果对别人有用、有帮助，别人会感谢你。你愿意和别人分享，有一种愿意付出的心态，别人会觉得你是一个正直的人，自然愿意与你做朋友，愿意与你打交道。

分享，从字面上可以简单地解释为把自己的东西主动拿出来与别人共同享用。其实，分享还有着更深刻的含义。自然世界因分享得以存在及发展，太阳的光芒照耀着地球，如果阳光不能被万物所共同享有，那么地球也将和金星、木星等星球一样死气沉沉，怎么还会有生机勃勃的自然世界呢？分享使人类得以诞生及发展，如果自然界的水、空气不能为人类所分享，不仅人类无法生存、发展，甚至连人类都不可能诞生。人类社会因分享得以产生和进步，如果前人的智慧不能被后人所分享，那么人很可能仍生活在茹毛饮血的状态中，人类社会都不可能产生。

众所周知，中国的温州人是有名的“生意精”，素有中国的“犹太人”之美称，他们之所以能把生意做到如此地步，就是因为他们善于分享，以此积累了丰厚的人脉资源，有了人，还怕做生意不赚钱？温州人信奉“有钱大家

一起赚”的信条，他们认为不让人赚钱的生意人，不是好生意人，也绝对不会得到真正的朋友，真正的朋友是愿意为对方考虑的。所以在商业社会，做生意总要有伙伴、有帮手、有朋友。

在人类社会发展过程中，分享是做人的基本原则，不能做到分享就将自绝于人类。随着人类社会的发展，出现了私有财产，分享逐渐发生了转变，从做人的基本原则转变成了品德修养，一个人如果能与他人分享其私有财产，那么这是一种美德。现代社会中，分享的对象不再仅指私有财产，它还包含很多方面，比如人的知识、思想、发明、创造等。如今，分享已经成为一种精神，被人们形容为人生的宝贵财富。对个人而言，分享就是给予，慷慨地和他人分享，往往能聚集更多的机会和财富，使一个人既成功又快乐。

成立之初名不见经传的益登科技公司，因为代理全球绘图芯片龙头厂商的产品，从默默无闻的小企业，迅速跻身为行业内一流的电子元器件代理商。总经理曾禹旖赤手空拳在六年内打拼出一家市值逾新台币八十亿元的公司，与曾禹旖相交二十多年的友人吴宪长说：“在同业中或同辈中，论聪明、论能力，曾禹旖都不能算顶尖；但是，他能遇到这个好运，八成以上的因素在于他的人脉。因为他很愿意与别人分享，大家才会利益共享，机会之神才会眷顾他，而不是别人。”“有怎样的度量，就有怎样的福气”——从小，曾禹旖的父母就是这样教导他。如今，曾禹旖也常这样对属下说：“赚钱机会非常多，一个人无法把所有的钱赚走。”是的，只有分享，才能让你得到更多。

现在，一个人把自己的东西主动拿出来和别人共享是需要勇气的，它体现着一个人的仁爱和宽容。在人脉资源网络建设中，分享的心态可以使一个人关心他人，关心自己；欣赏他人，欣赏自己，有助于人与人之间的交往。在人际交往中，如果一个人不愿分享，难免对人小气苛刻，周围的朋友也会逐渐与之疏远。不愿分享，就是害怕他人超过自己，将自己的经验、成果等藏匿起来，时刻为自己打算，这样的人即使能独当一面，也不会得到他人器重。不愿分享，也就不能仗义疏财，更不可能路见不平拔刀相助，遇到危险，唯恐避之不及。

相反，一个懂得分享的人，往往可以获得更多人脉，使自己成功的机会更多。在与人交往中，乐于和朋友分享，能有效拉近与陌生人的心理距离，有助于将陌生人转变成自己的朋友和人脉资源。因此，懂得分享可以赢得更多朋友，对人脉资源的拓展和积累会有很大作用。

现代社会是人与人互相依赖、互相依存、互相帮助的和谐社会，因此，更应重视分享的作用。勇于付出，乐于奉献，可以使大家保持良好的精神状态，同时有益于身心健康，更有利于人类进步及社会的和谐发展。对个人而言，懂得分享更有益于人脉资源网络的建设。

一个乐于和朋友分享自己经验、成果的人，往往心底无私、胸怀宽广，这样的人即使处于弱势也能给朋友提供发展机会，创造与人友好竞争的氛围；懂得分享的人必将锐意进取，最终完全有可能获得成功。当今社会，如果人人都乐于与人分享，社会必定更和谐、更进步。一个人具备分享的美德，也会得到他人的关爱；尊重别人的人，也会得到他人的敬重。

一个人乐于和朋友分享，分享的越多，得到的就越多，如果分享的东西对别人有用、有帮助，那么别人不仅会感谢，更会视你为朋友、一个正直的人。懂得分享的人，其愿意付出的心态往往能吸引别人成为朋友，因此对构建丰厚而高效的人脉资源的网络会有很大帮助。

找出朋友中的核心人物

经营人脉不仅要维护人脉资源，还要对已有的人脉资源充分了解，要了解朋友的能力和特长，以利于今后的合作和发展。从已有朋友入手是拓展人脉资源、快速积累人脉最有效的方法。通常，人际交往能力强或者身份、地位高的人往往会有一些与自己类似的朋友，在这里，暂且称其为有圈子的朋友。多认识一些这样的人，通过与他们深入交往，进而将自己的触角伸入到他们的朋友圈子当中，与朋友身边的朋友成为朋友，这对一个人积累人脉资源有着巨大的作用，往往能收到事半功倍的效果。以此方式构建的人脉资源网络，对于人脉的拓展常常有倍增效应，人脉积累速度也十分惊人。很多人采用这种方式，成功做到了快速积累人脉资源，并为自己的成功提供了巨大帮助。

业务员小张刚开始做宝马汽车销售时，因为没有很好的人际关系基础，又缺乏拓展人际脉络的经验，销售业绩一直不太好，这是他很纳闷的地方。后来小张经过认真分析发现，虽然自己认识的人很多，但这些人和自己并非客户关系。他还意识到能买得起宝马车的人应当处在中高档生活阶层，而自己所接触的人都是一些普通工薪阶层。

最后，小张做了一个拓展人脉关系的重大决定：实施他的商务会馆策略。小张开始每天出入汇聚大量高层人士的高档商务会馆，由此结识了很多成功人士，并通过这些成功人士建立了更优质的人脉网络，小张的业绩也日渐好转。

小张取得成功的关键就在于他很准确地定位了自己需要的人脉层次，找准了这些核心人物，提升了自己的人脉竞争力。

一个人遇到问题和困难，如果及时找出能够帮上忙的人，往往事情很容易解决；而一旦找错了人，不但解决不了问题，还可能造成新的麻烦。“约见奥巴马”这件事也一样，关键要注意找出朋友中的核心人物，充分发掘朋友的朋友，如果你能联系上吴加儒，估计“与奥巴马有了一次亲密的约会”不会太难。当然，这也是假设。同样，你想约见其他人也是这个道理。

人脉资源网络的建设，不论是人脉资源的拓展，还是人脉资源的维护，都要重视找出朋友中的核心人物，只要找出能够帮上忙的人，经营人脉就能收到事半功倍的效果。

北漂的小王便是这样一个人，他深深懂得如何才能抓住人脉中的核心人物。

小王从邻居口中得知，房东的儿子是单位某部门的重要人物，于是小王便很用心，有事没事便与房东交谈，甚至从老家回来还给房东带土特产，平时抽时间还帮房东打扫卫生。于是房东便向儿子提起小王。老人的话，做儿子的不敢不听，就这样，很快小王便与房东的儿子成了朋友。

不久，房东的儿子给小王介绍了几位投资伙伴。于是，小王便与他们合伙成立了一家公司。就这样，小王从身无分文的北漂，变成现在已经资产上千万的大款了。

小王发迹的故事告诉我们，一定要学会找出朋友中的核心人物，有些改变我们一生命运的人也许就藏在我们身边，但需要我们有一双慧眼去发现。

在人脉资源网络中，带圈子的朋友和不带圈子的朋友，其附加价值是不一样的。在人脉资源网络中，朋友介绍相当于一种信用担保，朋友把自己介绍给其他人，就意味着朋友为自己做担保。因此，应该尽量请朋友多介绍你认识他的朋友。

当然，与带圈子的关键人物交往首先不应生拉硬套。本来没有亲戚关系，偏偏七拐八绕，硬说有亲戚关系；或者本来与他的某位朋友无甚关联，偏偏鼓吹自己与人家情深义重，如此这般，很容易引起别人的厌恶和鄙视。所以，与带圈子的人交往要循序渐进，要让别人感受到虽是不经意地提起，却是一语中的。

其次要讲究场合。在众目睽睽之下最好不要与带圈子的朋友硬拉关系。因为绝大多数上级都不情愿公开自己的身世和社会关系；退一步讲，就算带圈子的朋友不会顾忌，旁观者也会认为你是在有意巴结他。所以，在公开场合攀附关系不但对带圈子的朋友有碍，就是对自己的形象也有损。与带圈子的朋友交往，最好选择合适的机会，如可以安排在聊天时，或者在茶余饭后散步时等，通常在类似这样的时间和场合里与带圈子的朋友交往会比较容易。

最后，与带圈子的朋友交往需要掌握一些技巧。带圈子的朋友通常是比较特殊的人，手下常有溜须拍马、曲意逢迎的人，并且其中很多人都在积极努力与带圈子的朋友拉近关系。带圈子的朋友可能自觉或不自觉地处在各种错综复杂的关系中，这些关系有的对他有利，有的对他有害；有的他自己一目了然，有的他无从觉察。与之交往就应该留意这些相关的关系，一旦有什么特殊情况或特殊机遇，便可采取一些策略，与带圈子的朋友高效地交往，进而迅速成为较好的朋友。如果能够做到与带圈子的人很快成为朋友，对一个人的成功也会有很大帮助。

找出朋友中的核心人物，努力加深与带圈子的朋友的关系，常常能使人

认识到自己在社会关系中的不足之处，从而加以弥补。一个人不可能样样精通，而且越是不精通的方面越容易出现问题和麻烦，带圈子的人通常就是自己最需要找出的、能够帮上忙的人。

当然，与人交往中合作互利是基本原则，如果希望别人怎样对待自己，自己就要怎样对待别人，如果希望得到朋友的帮助，希望与朋友的朋友交往，那么当朋友希望与自己的朋友交往时，也要尽心尽力，这才是真正的交友之道。

一个人要想获得成功，带圈子的朋友越多，彼此之间交往越密切，对一个人的帮助就越大。朋友是自己的人脉资源，带圈子的朋友更是每个人需要珍惜的宝贵资源。

别用一个手指指着朋友

朋友就是快乐的平方，痛苦的开方。拥有朋友的日子是美好的，当你孤独时，朋友能够给你一片温馨；当你徘徊时，朋友能够挽你同行；当你迷惘时，朋友能够为你指明前进的方向……人，没有爱情，或许是一种欠缺；但没有朋友，则是不完美的。事先约好两三个知己，找一个清静的场所，忘掉所有的无奈，忘掉所有的烦恼，听听朋友的倾诉或向朋友倾诉，那将是一种多么惬意的事情啊！

要想友谊地久天长，就需要懂得朋友间的相处之道：朋友相处，要有心与心的默契，心与心的坦诚，要多欣赏对方，千万不能总是抱怨或者指责对方。没有人喜欢跟一个总爱批评、指责自己的人做朋友。每个人都有每个人的处事之道，不管是好事坏事，是对是错，请不要抱怨、指责对方。你所要做的就是和他站到一起。当你站在他的立场上去想，你就会发现：他这么做也是可以理解的，如果换成自己也可能会这么做。

对待朋友，应持有一颗包容之心，不要因为鸡毛蒜皮的小事而与朋友抱怨个没完。即使朋友伤害了你，真的犯下"不可饶恕"的错误，你也要尽量宽容。

有这样一个阿拉伯传说。有两个朋友在沙漠中旅行，在旅途中的某处他们吵架了，一个给了另外一个一记耳光。被打的觉得受辱，一言不语，在沙子上写下："今天我的好朋友打了我一巴掌。"他们继续往前走。

后来，他们来到一片沼泽地，那个被打巴掌的差点淹死，幸好被朋友救了起来。被救起后，他拿一把小剑在石头上刻下："今天我的好朋友救了我一命。"

一旁他的朋友好奇地问："为什么我打了你以后，你要写在沙子上，而现在要刻在石头上呢?"

他笑着说："当被一个朋友伤害时，要写在易忘的地方，风会负责抹去它；相反，如果被帮助，就要把它刻在心灵的深处，那里任何风都不能抹去它。"

多么感人啊！朋友给你的伤害多半是无心的，不要抱怨，要善于遗忘；但是朋友给你的帮助一定要牢记在心。

停止抱怨，以包容的心态对待对方，别总用一个手指指着朋友。"人非圣贤，孰能无过。"谁都可能遇到情势所迫的无奈，无可避免的失误，考虑欠妥的决定，所以，请不要抱怨指责朋友，多替对方想一想。

管仲和鲍叔牙都是生活在两千多年前春秋时期的齐国人，他俩年轻时就成为好朋友。他们合伙做生意，管仲出很少的本钱，分红时却拿了很多钱，鲍叔牙毫不计较，因为他知道管仲的家庭负担重。

有好几次，管仲帮鲍叔牙出主意办事，反而把事情办砸了。鲍叔牙也不生气，还安慰管仲，说："事情办不成，不是因为你的主意不好，而是因为时机不好，你别介意。"管仲参军，冲锋时跑得很慢，撤退时却跑得很快，大家都笑话他是懦夫；但只有鲍叔牙理解他，知道他之所以不敢拼命，是因为家有老母无人照料。管仲被俘投降，大家都笑话他贪生怕死；也只有鲍叔牙理解他，知道他是想要为天下做大事，而不羞于小节。管仲感叹地说："生养我的是父母，但真正了解我的是鲍叔牙啊!"

管仲与鲍叔牙之间的深厚情谊已成为代代相传的佳话，他们之间的这种友谊是建立在不互相指责、不互相抱怨的基础之上的。

第二次世界大战期间，一支部队在森林中与敌军相遇，激战过后安德森及另外一名战士与部队失去了联系。

他们两人来自同一个小镇。在那段与部队失去联系的日子里，他们俩的生活很艰难，忍饥挨饿。他们常常互相鼓励、互相安慰。十多天过去了，仍未与部队联系上。

一天，他们打死了一只鹿，依靠鹿肉又艰难度过了几天。可也许是战争使动物四散奔逃或被杀光，这以后他们再也没有看到过任何动物，他们仅剩下的一点鹿肉由安德森背着。

又一天，他们在森林中再次与敌人相遇，经过激战，他们巧妙地避开了敌人。就在这时，走在前面的安德森听到一声枪响，自己中弹了——幸亏伤在肩膀上！一直走在后面的战友惶恐地跑了过来，他害怕得语无伦次，抱着安德森的身体泪流不止，并赶快把自己的衬衣撕下包扎战友的伤口。

晚上，未受伤的士兵一直默念着他母亲的名字，两眼木然地望着苍穹。他们都以为自己熬不过这一关了，尽管饥饿难忍，可他们谁也没吃身边的鹿肉。

30 年过去了，安德森说：“我知道谁开的那一枪，他就是我的战友。当时在他抱住我时，我碰到他发热的枪管。一开始，我怎么也想不明白，他为什么对我开枪？但当晚我就想明白了，随即就宽容了他。我知道他想独吞我身上的鹿肉，我也知道他想为了母亲而活下来。此后 30 年，我一直装作不知道，也从不提及此事。战争太残酷了，我能理解他。他母亲还是没有等到他回来。后来，我和他一起祭奠了老人家。那一天，他跪下来，请求我原谅他，我没让他说下去。我们又做了几十年的朋友，我宽容了他。”

冤冤相报何时了，得饶人处且饶人。这是一种宽容，一种博大的胸怀。从现在起，停止抱怨，学会用他人的观点看事物，不要把别人的缺点和过失扩大化，站在他人的角度看问题，定会获得真正的友谊。

保持背后的忠诚

忠诚是一个人最基本、最重要的品德，不论做人，还是做事，都应该实事求是，光明磊落，忠诚守信。在人际交往中，只有忠诚，才能赢得别人的信任，每个人都愿意与忠诚、老实、表里如一的人打交道，正如马克思所说的：“友谊需要忠诚去播种，热情去灌溉，原则去培养，谅解去护理。”可见，忠诚不仅是做人的基本原则，而且也是与人交往的基本原则。

构建丰厚而高效的人脉资源网络，忠诚更加重要。在与人交往中，首先要树立自己忠诚的形象和价值，没有忠诚，就不可能赢得别人的信任，没有相互信任，就不可能成为朋友，彼此更不可能成为人脉资源。

有的人朋友很多，认识人的范围也广；但常常在最需要朋友帮助时，却找不到人，这就是经营人脉的功夫不到位，没有以忠诚为基础，人脉资源仍然停留在酒肉朋友、泛泛而交这样较低的层次。

一个成功的人曾说：“如果你是忠诚的，你就是成功的。”一个不忠诚的人，即使才华横溢，能力再强，也无法得到别人的信任。如果没有忠诚与信任，像“你也可以约见奥巴马”这样的事，相信别人即使能做到也不敢向奥巴马传递这个口信，因为谁会相信你的目的只是为了“和奥巴马有一次亲密的约会”而不是另有深意，一个人试图用没有忠诚基础的人脉资源帮助自己做成一件事，是绝对不可能的。

与人交往中，任何时候都应该坚守忠诚。而说到忠诚，不仅在朋友面前要诚实、忠诚，而且更要保持背后的诚实与忠诚。那种当面一套、背后一套，当面不说、背后乱说的“两面派”“变色龙”，历来是与人交往的大忌。应该说，只有保持背后的忠诚，才能真正获得别人的信任。

忠诚是构建自己人脉资源网络的根基，应该说，实现人脉忠诚是人脉经营与管理的最终目的；而与人交往，保持背后的忠诚，无疑更加重要。与人交往，有一个非常重要的原则必须铭记，就是当着朋友的朋友面，一定要赞美而不是批评共同的朋友。背后批评别人的人，其实正暗示着自己是一个不值得信任的人，任何人都很容易会有这样的联想：在自己面前既然能够批评别人，那么也一定会在别人面前批评自己。

对于有关别人的流言、是非，做到不听信、不议论，也是保持背后忠诚的体现。俗话说：“众口铄金。”每个人都清楚流言、是非的可怕，也都对背后议论、传播别人是非的人恨之入骨，而且流言、是非往往会歪曲事实。因此，对流言和是非要做到不议论、不传播、不听信。

在与人交往中，保守朋友的秘密、隐私，也是一个人做到保持背后忠诚的体现。生活中，能说会道的人往往很会交朋友，但也往往口无遮拦，很容易把别人的秘密甚至隐私公之于众，这样的人绝不可能建设好自己的人脉资源网络。因此，与人交往，对于朋友所说的“悄悄话”，一定要保守秘密，否则只会害人害己。

隐私本身是一个相对的概念，同一件事情，自己可能感觉很正常，却可能对别人、朋友意义非同一般，所以，对朋友只告诉自己一个人的话，不论是否是朋友的隐私，最好是忘记，至少要管住自己的嘴，为朋友保守秘密；否则，很可能对朋友造成伤害。泄露了朋友的秘密，即使对朋友没有什么伤害，也会影响朋友关系，使朋友之间再回不到无话不谈的地步。因此，保持背后的忠诚，就必须要保守朋友的秘密和隐私。

忠诚是友谊的基石，只有彼此忠诚，朋友之间的情谊才会牢固。钩心斗角或建立在利益关系之上的友谊皆失去了忠诚，从而也失去了真正的情谊。一个人对朋友忠诚，不仅在朋友面前要做到忠诚，更重要的是对朋友必须保持背后的忠诚。

以忠诚之心对待工作，才能获得更多的发展机会；以忠诚之心与人交往，才能建立良好的人脉资源网络；以忠诚之心经营人脉，对能力强、地位高的朋友不一味讨好、迎合，对所有朋友都保持背后的忠诚，做到相信朋友，不听信流言，不议论是非，只有这样才能赢得朋友的忠诚，才能在需要时使以忠诚和信任构建的人脉资源网络发挥应有的作用。

承诺自己可以做到的事情

当今社会，信用越来越重要，它涉及一个人生活的很多方面。至于什么是信用，其含义非常宽泛。简单地说，信用是指人过去履行承诺的正面记录，是人长时间积累的信任和诚信度。信用的最大特点就是难得易失，一个人花费几年甚至几十年时间积累的信用，往往由于一时一事的言行而失掉。

因此，对自己的信用要倍加珍惜、爱护，不论在工作还是在生活中都要谨言慎行，切不可因一时不慎使自己的信用受到损害。在与人交往中，切记要重诺守信，承诺别人的事，一定要竭尽全力做到。否则，就会失信于人，给自己的信用造成难以挽回的损害。

现在，随着社会越来越开放，人与人的交往越来越频繁，与自己交往的陌生人不仅有本国人，还有外国人。如果是经济领域的交往，信用记录往往是对交往对象进行初步了解的重要资料，见面之前就能通过信用记录等相关资料获得对方的认同，无疑对双方进一步开展交流与合作具有极大的好处。

还说“约见奥巴马”这件事。如果你的人脉资源够丰厚，奥巴马也收到了这个口信，相信他不可能仅凭传递口信人的介绍就做出是否见你的决定，他肯定要对你进行一些必要的调查，如果你的信用记录有问题，那么你与奥巴马的约见十有八九不能实现。

虽说信用记录不可能全面反映一个人的真实信用，但对于想要交往的陌生人来说，至少是一项重要的参考资料，如果因为坏的信用记录而失去与别人交往的机会，那么这是任何人都不希望发生的事。因此，重诺守信不仅仅是为了有一个良好的信用记录，更重要的是使自己真正成为一个有信用的人。切记对别人只承诺自己可以做到的事，这样才能做到不失信于人。

信用是宝贵的无形资产，有人形容信用像玻璃一样脆弱，一旦损坏难以修复，事实的确如此。诚信的基础是信用，信用是每个人的立身之本，有信用的人也一定是诚信的人。在与他人交往中，要先做到以诚待人、相信他人，这是与人交往的基本原则，而有诚信的人一定能赢得他人诚信的回报，从而获得成功。

李嘉诚总结自己的成功经验时说：“人的一生最重要的是守信，我现在就算有多十倍的资金，也不足以应付那么多的生意，而且很多是别人找我的，这些都是为人守信的结果。”一个诚信的人，必然能够拥有更多的人脉，能够得到更多成功的机会，诚信可以使人受益无穷。

古人云：“信，诚也。”指的就是心口合一。中国历来有“一诺千金”、“言必信，行必果”的说法，指的就是做人要重诺言、守信用。

要做一个诚实守信的人，在与人交往中，首先要做到重诺。

所谓重诺，就是不应该许诺的坚决不许诺。许诺往往容易把人与人的交往变成物与物的交换，因此，对不符合道德标准的许诺一定避免。

所谓重诺，就是不应该轻易许诺。日常生活中，朋友请求帮助时，应该承诺的事情一定要承诺，但在承诺之前，先要考虑自己实现诺言的实力，承诺不应超出自己的能力范围。也就是说，许诺时一定要考虑到“应诺”的可能性，这不是对朋友不尽心，相反，恰恰是出于对朋友负责的真心。

试想，朋友遇到问题和困难时，你都不知道能否解决就承诺，朋友如果信任你，往往不再寻求其他的解决办法；而你一旦不能实现，朋友遇到的问题和困难很可能因此丧失了最佳的解决时机，虽然对你只是信誉受损，但对朋友势必造成无法挽回的损失。因此，有诚信的人重诺，重诺就是不轻易许诺。

许诺一定要慎重，解决不了的问题要对朋友做好解释。任何时候都不能仅凭良好的愿望甚至主观想象去许诺，离开客观实际和条件的许可，随意许诺，一旦兑现不了，就会给朋友之间日后的交往带来难以逾越的障碍。

要想做一个诚实守信的人，还要做到及时践诺。在做出承诺后，必须马上着手实践诺言。华盛顿曾说：“自己不能胜任的事情，切莫轻易答应别人；一旦答应别人，就必须实践自己的诺言。”

要想做一个诚实守信的人，就要注意许诺时不能信誓旦旦，更不能冲动，应给自己留有余地，即使有能力办到的事，也可以用“给我一次机会”之类的话来代替许诺。这是因为事情的发展是千变万化的，许诺既有超前的一面，又有滞后的一面。说它超前，是因为在它没有实现之前就已经“预付”给了对方；说它滞后，是因为在它兑现的过程中是以过去的情况为依据，没人能准确无误地说出今后会发生什么。因此只要珍惜并把握好“这一次机会”，在解决实际问题过程中讲求实效，不拖拉，不哄骗，及时与对方沟通事情的进展情况，就能获得对方的信赖。

要想做一个诚实守信的人，在与人交往中，即使许诺，也不要把话说绝，这样，不仅可以获得一定的回旋余地，给自己留有空间，而且也不会失信于人；况且朋友可能还会找到更好的解决办法或能力更强的朋友相助，这样，对己、对友都有好处。

诚信是构建人脉资源网络的基石，一个人只要做到承诺自己可以做到的事，就不会失信于人，人脉资源网络才能不断丰厚。

接近不喜欢的知识或人士

世界上没有两片完全相同的树叶，更不可能有两个完全相同的人，人与人都存在差异，而人首先是具有社会属性的。俗话说：“物以类聚，人以群分。”有差异就会形成不同的群体。群体内的人往往能够和平相处；可一旦出现外人，或者一个人到了其他群体当中，常常会出现自己喜欢或不喜欢的人，这就是社会环境。

对个人而言，不论在工作还是在生活中，很难选择自己所处的环境，也就是说每个人都可能遇到自己不喜欢的人和事。每个人都有各自不同的脾气、秉性，也有不同的兴趣、爱好，一个人参加工作走入社会后，就进入了社会环境当中，就有可能出现个人的兴趣、爱好与所从事的工作不相符的现象，如果不喜欢自己所从事的工作，那么自然也不会喜欢工作中用到的专业知识。众所周知适者生存的道理，一个人要想生存、发展，就必须学会接近不喜欢的知识或人士；否则，不用说成就一番事业，就连正常生活都会有困难。

其实，接近不喜欢的知识或人，学习、掌握不喜欢的知识，学会并做到与不喜欢的人友好相处，正是一个人不断提高自己能力的过程，对其将来取得成功会有很大帮助。就拿“约见奥巴马”这件事来说，如果你不喜欢奥巴马，却通过自己的努力和人脉资源的帮助，“与奥巴马有了一次亲密的约会”，且与奥巴马能够很好地相处，还从中学到了很多东西，相信这对你今后的成功肯定会有很大帮助。

生活中没有十全十美的人，很多时候交往对象是无法选择的，构建丰厚而高效的人脉资源网络，也需要接近不喜欢的人士，并与之成为朋友，这就需要学习、掌握与不喜欢的人士交往的技巧。

俗话说：“不经事则不长智。”每个人都在努力寻求一种捷径，以使人与人之间的沟通更加简单，如果能够做到接近不喜欢的知识或人士，并学到了知识，提高了自身能力，其实就是找到了捷径，取得了成功。

如果不喜欢的人是工作中的同事，那么当遇到摩擦或发生争执时，有一方肯退一步，结果就会比较乐观。在对待不喜欢的同事时，最好的交往办法是不管别人对他的评价如何，自己不带任何偏见地去待他，首先要假设他是友善的，这样他才可能成为你的朋友。

如果不喜欢的人是你的前辈，当你和他发生口角时，应该主动说声对不起，下次见面主动打招呼，并学会发掘他身上的闪光点，这样你的心态就能放平衡，处事也会更积极。

与人交往中，首先要抛弃自以为是的思想，对待任何人都要一视同仁；否则，很可能因此失去朋友。

如果与老板有分歧，或他看你不顺眼，那么与之交往的关键是：在任何时候一定要给老板台阶下，绝对不能在大庭广众之下与他发生口角，即使责任都在老板，也可以回来再说。与不喜欢的老板交往，要学会让老板感觉到你在给他台阶下，这样老板才会了解你是个懂得察言观色的人。

当你面对讨厌的人、无法理解的人或关系僵持的人，首先要站在对方的立场考虑问题，多看看别人的优点，不要死咬着缺点不放，要学会宽容。其次要尊重对方，关心对方，多赞扬对方。当与攻击性较强的人相处时，不必将对方的话放在心上。在关系僵持或恶化时，一定要主动表示友好，不要碍于面子、难为情；不要发生硬性冲突，应投其所好，主动改善关系。人际沟通能力虽然很重要，但人际交往的适应能力更为重要。

与不喜欢自己的人交往，最主要的还是自我检查，尽量客观地看问题，当看到别人身上的缺点时，同时要检查自身是否也存在问题，不要一味将错误怪罪于别人；尝试做换位思考，从对方的角度看问题，并试着问自己：如果是我，是否也会发现对方的优点；也可以寻找共同的话题，逐渐拉近彼此的距离，而后加强沟通，进而慢慢消除讨厌的情绪。如果通过以上方法还不能解决，则也可寻求专业人士的帮助，进行专业分析、指点调节，从而拥有健康的心理状态。

每个人周围都有自己不喜欢的人，如果能够敬而远之，则皆大欢喜；但有时不喜欢的人可能就坐在你身边，要想做到与自己不喜欢的人友好相处，可以通过赞扬策略让对方喜欢自己，通过不断赞扬，对方的情绪就会松懈，如果掌握好分寸，对方的讨厌情绪就会消失。要想讨人喜欢就要勇于去喜欢别人，希望被喜欢，也就希望会被赞扬。赞扬讨厌的人是困难的，但它可以使工作中的人际关系变得和谐。

客观地看待对方可以缓和讨厌的情绪。如果对方讨厌个性过强的人，那么就要控制自我意识，展现出柔和的一面。角色互换地去想对方，讨厌情绪也会有所改变。

人与人相处总有人会看你不顺眼，不要因为对方而改变自己，而要采取适合自己的方式与人相处。无论是谁，在受到别人的关注时都会感到高兴，如果你赞扬对方一些具体细微的地方，他会感觉受到了重视，这样，即便原来关系很僵的人也可能改善彼此的关系。

可适当在朋友面前“扮矮”

当今世界，要想成就一番事业，既要靠自己，更要靠别人帮助、合作。所谓靠自己，就是不断提高自己的能力和品德修养；所谓靠别人，就是自己不仅要有能力，还要有良好的人脉资源。丰厚的人脉资源网络能为一个人的成功提供巨大帮助，而要赢得别人的帮助，就要学会“放低姿态”，适当在朋友面前“扮矮”。现实生活中，帮助弱者是一种美德；而在社会、工作中，“放低姿态”不仅更容易获得成功，而且常能交到更多的朋友。

工作中，如果总是显示自己能力强，“毫不示弱”地标榜自己，往往不可能取得成功；而平时韬光养晦，“放低姿态”，表面上不显山露水，甚至故意示弱的人，在关键时则锋芒毕露，常常更容易获得成功。

有一位博士因实践经验少，被许多公司拒之门外，万般无奈之下，博士决定换一种方法，他收起所有的学位证明，以较低的学历去求职。不久，他进入一家国内一流的电脑公司，做一名最基层的程序录入员。没过多久，上司发现他才华出众，竟然能指出程序中的错误，这绝非一般录入员所能比的，这时，博士亮出了自己的学士证书，于是老板给他调换了一个与本科毕业生对口的工作。

过了一段时间，老板发现他在新的岗位上也游刃有余，能提出不少有价值的建议，比一般大学生高明，这时博士亮出了自己的硕士证书，老板又提升了他。有了前两次的经历，老板也比较注意观察他，发现他比硕士还有水平，就再次找他谈话。这时博士拿出博士学位证明，并说明了这样做的原因，老板毫不犹豫地重用了他。

工作中，学会隐藏自己的锋芒，就能免遭嫉妒，也能为自己赢得宽松的环境；而适时出手常能一鸣惊人。对一个人而言，“扮矮”是一种生存技巧，也是一种工作技巧。有一位名人说过：“给予比接受更会感到幸福。”反过来说，接受别人的关心和帮助要比给予别人关心和帮助更重要。适当在朋友面前“扮矮”，会让朋友感到他自己有能力、有价值，可以在不自觉中提高朋友的自信心。

总是对别人指手画脚的人，只会让人感到他盛气凌人，使朋友在其面前抬不起头来，长此以往，朋友关系势必疏远。其实，适当“扮矮”、不出风头、不卑不亢，才是为人处世、与人交往的有效方法。

“扮矮”不是虚伪，只是在某些场合给对方一个空间、一个余地，这种空间使人际关系不会过于紧张，也利于充分发挥各自的潜能。“扮矮”不但不会低人一等，反而能让朋友感到其高大，还能获得尊重，这正是“扮矮”的成果。

“扮矮”是一种智慧，也是一门艺术。很多人或多或少地存在自卑心、虚荣心和嫉妒心，而每个人的家庭、学识、能力和财富等又往往存在差异。有些事业上的成功者或生活中的幸运儿在与人交往中，可能因自身优势而无意间触及别人的自卑心、虚荣心、嫉妒心却还不自知，这样就不利于人与人的交往。因此，适当“扮矮”往往能将别人的消极心理减弱，甚至唤起别人的同情心、怜悯心，在自己需要帮助时，别人能伸出扶助的双手。因此，“扮矮”更是一种人生艺术。

与人交往中，在朋友面前适当“扮矮”，往往能赢得更多的尊敬。一个人不管地位有多高、财富有多厚，为人处世都应安分内敛，学会隐藏自己的锋芒；否则就会被嫉妒的暗箭射伤。年轻人做事有锋芒是好事，是事业成功的基础，在适当场合显露一下既有必要，也理所应当。但说到做人，更重要的则可能是韬光养晦，学会尊重别人，仔细倾听别人的话，尽量理解朋友、体谅他人，这样既能学习别人的优点，也能让朋友感到自己被尊重和理解，对于人的成长则更为有利。

“放低姿态”能赢得更多的朋友。在交往中，任何人都希望得到别人的肯定性评价，都会不自觉地维护自己的形象和尊严。如果一个人在与人交往中过分地显示出高人一等的优越感，那么，无形之中就是对他人自尊和自信的一种挑战与轻视，自然也不会有人愿意与之交往。

如果在别人面前总是“扮矮”，收敛锋芒，韬光养晦，别人就不会视其为威胁，这样才能创造出宽松、和谐的人际关系；让对方赢得了自尊，也才能获得他人的敬佩和认可。现实生活中，由于年轻气盛、爱出风头而处处碰壁的大有人在。做人要懂得“扮矮”，“扮矮”能克服目中无人的毛病，有利于营造良好的人际关系。

现代社会提倡个性张扬，一个人张扬个性、展示魅力、体现自我原本是积极的、向上的；但切忌过度，过度强调个人，过分张扬个性，往往会适得其反。年轻气盛，说话太冲，不分场合，不知不觉中就得罪了人，也会影响事业和前途。

张强大学毕业后在外资企业已有五年工作经验，他独立、有主见，工作能力强，因而工作中总是率性而为，锋芒毕露，在讨论工作问题时也常直来直去，为此常与经理发生争执。虽然经理因为惜才也有所暗示，但他却不以为然。久而久之，经理渐渐疏远了他，他与同事的关系也不好，最后渐渐失去施展才能的舞台。

一个人如果总是锋芒毕露，最终不仅伤害别人，也会损害自己的利益。在工作中“放低姿态”，做到韬光养晦，做事往往容易成功；在人际交往中，适当在朋友面前“扮矮”，不仅能营造良好的交往氛围，而且结交的朋友也会更多，这是做人的成功；时刻保持谦虚、平和的心态，必将获得人生的成功。

保持沟通和会面的渠道

大千世界，茫茫人海，既然相逢，便证明有缘。虽相处时间不长，但彼此的关系值得珍惜，值得持续下去。要想持续这种关系，就必须学会保持沟通和联络，只有这样，朋友间的友谊才能历久弥坚，朋友之情才不至疏远，朋友才会心甘情愿地帮助你。因此，无论从实用主义，还是从情感价值角度去看，朋友之间的友谊都值得我们保持和维系。友谊之树需要经常浇灌，才能常青。

我曾经有过这么一个切身经历。

有一次刚好办完公事，便利用剩余时间去看望在附近上班的一位老朋友。我们是大学同学，有两年多没见了，因此想这次正好一起叙叙旧。

走进她的办公室，几乎记不起她办公室的样子，因为时间太久了。这两年来，我忙着结婚生子，再后来就是工作，所以没有太多的时间与她联系，更谈不上坐在一起聊天。

见面后，她很惊喜。我们坐在会客室，一边喝茶一边聊天，聊这两年来彼此的经历。言谈中，我能感觉到她对自己事业的追求以及对朋友的真诚，让我很感动。

其间，她说了一句话，至今我还记得，她说："朋友之间一定要经常联系，要不然时间一长，电话一换，恐怕连人也找不到了。"听了这句话，倍感说得在理，是啊！当时，我很惭愧，我们之间有两年多没有联系了。我一直说自己特别忙，忙结婚，忙孩子，没有什么闲暇时间。可是真的一点时间都没有吗？不是，当然不是。发个信息、打个电话会用几分钟？诚然，没有时间是借口。朋友之间需要经常联系，哪怕是一句话、一条短信也是很重要的。

现代人的工作和生活越来越繁忙，节奏也越来越快，很多人做到了有事联系，可没事就不联系了吗？生活中我们都有过这样的经历，当你面临一个难题时，可能马上就会想到朋友可以帮助你，但是又一想你们之间已经很久没有联系过了，这么突然找他帮忙会不会欠妥？这是为什么呢？其主要原因就在于你跟他没有经常联系。

那么在现在节奏越来越快的生活中，朋友之间都有哪些联系的渠道呢？

过去在信息网络不发达的年代，人们最多的联系方式就是写信。写信用上一个小时，然后再寄出去。大概经过一周时间，对方才会收到。最后，对方再给你写回信，然后再寄给你，同样需要大概一周时间。如此一来，没有半个月时间根本不可能。

对于信息网络越来越发达的今天，随着短信、QQ、MSN、电子邮件的出现，使得人与人之间的沟通变得简便很多。

现在上班族的习惯就是进入办公室以后，打开电脑，把QQ、MSN都登录上，然后查看谁在线上，谁隐身了，谁在忙……必要时打开对话框问候一下，"早安！"然后双方进行几分钟的简短交流。电子邮件也是经常要用的，很多人喜欢用电子邮件与他人保持联系。

"停了QQ和MSN，我完全没法工作"——这是很多白领的心中感言。"我们给客户制作的平面设计图像，都是通过QQ直接发给客户的，这些图像多是超大文件，有的甚至会达到几个G；但通过QQ，鼠标一点，文件很快就能到达对方手里。"

“现在就连出差，我都会带上电脑，插上无线网卡，即使坐几天火车，也不会误了工作。”——这是一位做平面设计的人说的话。

如此高效快捷的通信方式，你还等什么，千万别再拿没有时间跟朋友联系当借口了，从现在开始赶快行动吧！网络让我们沟通无限。

除此之外，同网络聊天一样盛行的就是论坛，即大家口中的 BBS。论坛里可谓高手无数，藏龙卧虎，你在里面可以发现很多人才，可以交到五湖四海的朋友。

现实生活中有多少种爱好，网络上就有多少个 BBS；生活中有多少种需求，网络上就会有多少个“群”。在那里，人们能找到以前很难认识的朋友，得到以前很难知道的信息。

有句老话说：“物以类聚，人以群分”。在 BBS 上，使得圈子化生存真正成为可能，大家关注同一个话题，做着共同感兴趣的事情，有着相同的理想和爱好，即使观点不一致，大家也以“我不同意你的意见，但我尊重你说话的权利”为原则，化干戈为玉帛，使大家最终收获了友谊。

最近，个人博客在互联网中盛行，又成为大家沟通的另一座桥梁。我们通过建立自己的博客，与志同道合的朋友友情链接，从而很快找到自己需要的东西，如生意的伙伴或发现商业机遇。当然，通过定期或不定期更新自己的博客，让朋友了解自己最近的生活状况，则又是另一种沟通方式。

相信，随着科学技术的不断进步，人与人之间的沟通会变得更加方便、快捷。所以，就让我们充分利用这些渠道，保持与五湖四海朋友的联系吧！

特殊日子的祝福

人际交往中，要跟所有人积极保持联系，准确记住那些对自己重要的朋友的特殊日子，如对方的生日、婚礼、升职或周年庆祝等。每逢这些日子，打个电话、发个短信或寄张贺卡表达你的祝福。节日的问候，会让朋友倍感高兴，也是维系和巩固关系的黏合剂。

小事可以有大影响，在熟人特殊的日子里送上一条短信、一封电子邮件，会让人很感动，你们之间的关系也会就此上升几个级别。

生活经验告诉我们，人与人之间由相识、相交到相知的过程，需要一点一滴在平时生活中的积累，需要在某些特殊日子里送去温馨的祝福，营造彼此关心、祝福的氛围。

先从一个家庭说起。如果丈夫在妻子生日这个特殊日子里送上一束鲜花，一个美丽的生日蛋糕，四五支红、黄、蓝色蜡烛，创造出欢快祥和、充满温馨的家庭气氛，妻子一定会很高兴，眼中也会充满温情。

聪明的儿媳如果在公婆生日时，送上精心准备的礼物，试想一下，婆媳关系还会是那么难处吗?

小红便是这样做的。她在婆婆快过生日时，琢磨着送点礼物给她，可是送什么好呢？后来，细心的她发现街上许多中老年女性都戴着一条珍珠项链，她感觉珍珠的温润而优雅、大气却不奢华、珍贵而不张扬的特性正好适合爱打扮的婆婆佩戴，故特意到珠宝城给婆婆挑选了一条精致的珍珠项链。

等到婆婆生日那天，她亲手给婆婆戴上，婆婆甭提多高兴了，时常戴着小红送的珍珠项链，还会对其他人说这是儿媳妇送的！如此一来，两人的关系还能不融洽吗？婆媳关系还难相处吗?

再说同事和朋友之间。同事和朋友更需要彼此相互配合和关照。当朋友成功时，不妨真挚地祝贺一声，充满爱的举动都能激起人感情世界的层层涟漪。

吴春芳便是这样一个很注重朋友之间感情的人。因此，她平时总是把所有朋友的生日都记在一个小本子上，闲下来时就打开看看。有一天，她刚好看到有一人过生日，很是高兴，于是八点多时拨通了朋友的电话，给对方送去了祝福。朋友听到吴春芳的祝福很惊讶，因为连她自己都忘记了，同时也非常感动。

晚上，那位过生日的朋友快下班时又收到吴春芳寄来的快递，使她更加感动。

可想而知，这两个人的感情会因此而更加深厚。生活中，我们每一个人都应该把每一个朋友的生日、婚礼以及孩子满月、百天、周岁的日子记清楚，并在这些特殊的日子，给他们送去祝福。

也许有人会说，送啥呀，那么麻烦，也不知道人家喜欢什么。其实这些问题就需要我们平时在与朋友的交往中细心发现，认真揣摩。而更多的时候，并不需要送什么礼物，只要有心记住，并在特殊日子里给他们打个电话、发个短信就可以了。只要心意到了，小举动也会还给你一个人脉惊喜！

著名的销售大师乔·吉拉德便是利用节假日为客户送祝福的人。乔·吉拉德认为所有已经认识的人都是潜在的客户，对这些潜在的客户，他每年大约寄上 12 封广告信函，每次均以不同色彩及形状投递，并且信封上尽力避免使用与他行业有关的名称。

元月里，他的信函展现的是一幅精美的喜庆气氛图案，同时配以几个大字“新年快乐！”下面是一个简单的署名：“雪佛兰轿车，乔·吉拉德上。”此外再无多余的话。即使遇上年底大拍卖期，也绝口不提买卖。

二月份，信函上写的是：“请你享受快乐的情人节。”下面仍是简短的签名。

三月份，信中写的是：“祝你圣巴特利库节快乐！”圣巴特利库节是爱尔兰人的节日。也许你是波兰人，或是捷克人，这无关紧要，关键是他没有忘记向你表示祝愿。

然后是四月、五月、六月……直至年底。

不要小看这几张印刷品，它们所起的作用可不小。不少客户都已经习惯在节假日收到吉拉德的信了。

一到节日，不少先生们往往会问夫人：“过节有没有人来信？”

“乔·吉拉德寄来了一张名片。”夫人答道。

这样一来，每年就会有 12 次机会，使吉拉德的名字在愉快的气氛中来到每个家庭。

吉拉德只是向人们表达他的关心之情，他没有说一句：“请你们买我的汽车吧！”但他这种做法更好，给客户们留下了深刻的印象。只要有一天他们打算买汽车，那么第一个想到的便是吉拉德。

这就是我们所说的特殊节日送上祝福的感情投资。不信你们也试试吧！

还等什么。

学会先爱别人

人际关系中，我们要有一颗爱别人的心。爱是一种活动情感，不是静止的。爱是社会生活中一种很特殊的经验，要想拥有它，最重要的方法就是把它施舍给别人，主动付出。但生活中很多人在与人交往时，总是想从别人那得到什么。

事实上，要想得到，必须先学会给予，先学会关爱别人。关爱是生活的甜味剂，它包括在生活中对别人的照顾、爱护和关心，还包括对别人心理状态的理解、认同、支持和鼓励。因此，生活中，我们不妨多关爱他人。

关爱不是怜悯，更不是同情，而是以一己之力助他人成长，并让受助人也感到快乐，这才是关爱的本质。被人关爱是一种美好的享受，让人感觉温暖与幸福。关爱他人是一种高尚美好的品德，更是一种调剂人际关系的润滑剂。我们需要别人的关爱，同样别人也需要我们的关爱。只要你细心观察就会发现，你身边有许许多多人都需要你去关爱。

我曾经遇到这样一件事。有一次出门坐公交，上车后看见一个中年男人因没有零钱买票而着急、无助的样子。

一会儿，售票员说："哪位乘客有十元零钱，这位乘客没有零钱，刚好我这儿也找不开。"

听到这话，我马上翻开钱夹，一看刚好有一个五元的和五个一元的。我说："我有。"接着便走过去，给售票员送了过去。

这时，售票员很高兴，连忙说："谢谢！"

我笑了笑，说："不客气。"当时，自己心里也很高兴。

其实在日常生活中，我们不一定要非常富有并给别人许多，才能表现出善良和慷慨，只要帮别人之所急，救人于危难之时，一分钱，一滴水，一句关心的话语，都能给他人带去温暖与关爱。"赠人玫瑰，手留余香"就是帮

助别人比接受别人帮助更幸福的道理。

每个人都想着要爱自己，尤其在危难时，恐怕更多的时候想到的也是自己。但是，我们爱别人的同时也是在爱自己。

在一个小渔村里，出海捕鱼的人们靠一个简单的求救装置，向设在岸上的接收总台发出求救信号并报出船只遇险的大概位置，渔村里不出海的人轮流担任救护任务。

一天傍晚，总台的警报灯又亮了，并报出船遇难的位置大概是在500海里之外。刚好，那天轮到罗伯特和哈里克担任救援任务。村里的人们把小机动船抬上大船，两人准备出发了。罗伯特的老母亲悲痛地拉住儿子的手哭道：“孩子，你父亲就是这样去救人死的！你哥哥出海已快半个月了，恐怕也是凶多吉少。昨天又预报今天海上会有风暴，你要是再有个三长两短，叫我怎么活呀！”

“妈妈，我一定得去的，他们有难啊！”小伙子挣脱了母亲拉住他的双手，上了救援船。

罗伯特和哈里克驾船来到距出事地点约20海里的地方便遇到了风暴。这时，哈里克也感到了此次救人的难度很大，便对罗伯特说：“咱们还是回去吧！这么糟糕的天气，我们只有去送死。”说完，哈里克开始掉转船头。

“不，救人要紧。马上快到出事地点了，为什么不去呢？”罗伯特不同意返回。

“你去死吧，让你妈变成孤寡老人。”哈里克诅咒道。罗伯特放下大船上的小机动船，独自驾着小船向出事地点赶去。

两天后，前去救人的大船破败不堪地被海潮送回渔村旁的海岸，船上空无一人。罗伯特的老母亲得知这一消息后，顿时昏了过去。三天后，奇迹出现了，一艘小船从晨雾中向渔村驶来，船头站立着一个人。

“是罗伯特吗？”村里人高兴地大喊。

“噢—— 是我，罗伯特。”

“谢天谢地，赶快去通知罗伯特的母亲，告诉她罗伯特还活着！”人们高兴地议论着。

罗伯特在船头兴奋地舞动着衣服大声喊道："遇险的那艘船是我哥哥他们的，我救回了我哥哥。"

当你学会先爱别人的时候，也就是在爱自己。你付出多少爱，就一定能得到多少爱的回报！人际交往中，我们一定要学会先爱别人，只有你主动关心和爱别人了，才会同样得到他人对你的关心与爱护。

第 4 章

奥巴马不会从天上掉下来：从现在起，不再一个人吃饭

我们每一个人都渴望获得额外的帮助，尤其是在用尽自己资源却依然难以取得成功的情况下。如果我们对于接触陌生人和外界社会怀着开放而非排斥的态度，就能收获意外的惊喜。敞开大门，你能找到 60 亿的朋友，和每一个陌生人都可以开始轻松交谈。而你要做的就是：从现在开始，不再一个人吃饭。

从现在起，不再一个人吃饭

现实生活中，有人将请客吃饭看做拓展人脉的唯一手段，只要有关系，不论什么人都请；还有人认为请客吃饭只会结交酒肉朋友，不能积累人脉，是在浪费金钱和时间。其实，这些观点都不全对，与人交往的目的是交流沟通，饭桌上能否交到好朋友，关键在自己如何行事，如果能通过饭局积累自己的人脉，那么也不失为一个很好的途径。

据权威机构统计，世界上所有的谈判，80%是直接或间接在饭桌上完成的，而且饭局中人的情绪大都会非常好，更容易结成深厚的友谊。

与可以给自己带来正面影响的人一起吃饭，时间不会白费，对一个人的成长也会有帮助。不过要注意，在饭桌上不可急功近利，最好的方式是不谈工作，吃饭就是吃饭。俗话说："吃人家的嘴软，拿人家的手短。"只要一起吃过饭，下次找对方合作或请求帮忙时，别人一般不好意思拒绝。当然，席间适当谈谈能为对方带来什么好处，提供怎样的优质服务更好。一个叫诺曼·拉文的营销大师就是通过请客吃饭拓展、积累了人脉，如果你还没有这样做过，不妨试一下：从现在开始，不再一个人吃饭。

不一个人吃饭，扩大人脉，最重要的是要突破内向自闭性格的局限。在与人交往中，人的性格对人与人之间的交流沟通有很大影响，与人交往最重要的是互动。

通常，很多人认为，性格外向的人从来不会羞于回答或谈论一些问题，而性格内向的人则很拘谨、很闭锁，不善言谈，常常处于孤独寂寞的状态之中。因此，认为与人交往时，外向的人强于内向的人，许多人甚至将内向看成是一种不良性格。很多性格内向的人也想使自己变得外向一些，似乎只有性格外向的人才更适应当今社会，也才更利于与人交往。许多介绍心理调节和社交技巧的书，谈了不少内向者如何克服内向性格的方法。这些书尽管具体内容有所差异，但有一点是相同的，就是否定内向性格，克服内向性格。

其实，一个与人交往有困难，不愿与人交往甚至对此感到恐惧的人，可能是患有比较严重的心理疾病——自闭症，而不是性格内向或外向的问题。

单就性格而言，不论是性格外向还是性格内向，在人际交往中，应该说都是既有所长又有所短。外向性格并不完全是好的性格，也非完全有利于交际；而内向性格并不是不好的性格，也不等于不善于交际。无论是内向性格的人还是外向性格的人，都有其性格的优势和劣势。

不少性格内向的人对此存在错误认识，或者说是被误导，因此十分讨厌自己的内向性格，将自己孤僻不合群、不敢表现、胆小等一切与人交往遇到的麻烦都归罪于内向的性格。比如有的年轻人性格内向，害怕因此被人看不起，与人交往时就故意显得很外向，即使别人说的话题他一点儿也不懂，却装出十分在行的样子，与别人大侃，结果不言而喻，不仅自己感到特别累，而且给人留下没有自知之明、不懂装懂的印象，被更多的人所排斥，难以融合于群体之中。

人际交往中，内向性格有弱点，对性格内向的人常缺乏勇气这一点应该有所重视并加以克服；外向性格也有弱点，很多性格外向的人对自己也有很多不满意的地方。其实，性格不论内向还是外向，每个人都要学会善于发挥自己性格中的优势，努力改善因性格弱点带来的劣势。

每种性格都有各自的优劣。性格内向的人其实有很多优点，例如做事认真、踏实稳重等。而性格外向的人则比较开朗，活泼开朗的人容易与他人相处，参与活动也更积极；但这些并不是性格外向人的“特点”，而只是外向性格的附属品。掌握与人交往的技巧，使自己热情、大胆一些，性格内向的人同样可以做到。

一个人不必刻意改变自己的性格，因为性格没有绝对的优劣。性格内向的人恰恰因为对自我的否定，越想克服反而更加内向、更加自卑。其实，不同性格的人都可以成为某一领域的杰出人物，许多成功者也是性格内向的人，但他们绝不是自我否定的人。

一个人的自卑心态，是与人不能有效交流沟通的关键。在与人交往中，虽然人的性格对人与人之间的交流沟通有很大影响，但绝不是决定性因素，性格不论是内向还是外向的人，都能够做到不一个人吃饭，和陌生人说话，其中最关键的因素是一个人的心态。只要对自己充满自信，任何性格的人都能与人良好交往；而一旦有了自卑的心态，即使性格再外向，也不能与陌生人很好地交流沟通。

生活中，一个人如果为人处世能多用肯定的语气，就可以有效消除自卑心理。一个人是否有自卑感，常常受到语言的影响，具有否定意味的语言，对一个人的心理健康有百害而无一利。不同的语言可将相同的事实完全改观，而且会给人以不同的心理感受。运用肯定或否定的措词，可将同一件事实形容成有如天壤之别的结果。在任何情况下，只要常用有价值的措词或叙述方法，就可以将同一个事实完全改观，当然也就能够驱除自卑，令人享受愉快的生活。

与人交往，性格优劣无绝对，关键是人的心态，只要真正驱除了自卑心态，不论性格内向还是性格外向，每个人都能与人良好地交流沟通。从现在起，不再一个人吃饭，与陌生人说话，与陌生人成为朋友，只要充满自信，人人都可以做到。

你的“舒适区”有多大

不论在生活中，还是在工作中，每个人都会有这样的感受。在一些地方，比如自己熟悉的环境中，或与很多自己熟悉的人在一起，通常会感到很舒服。而一旦离开了这些区域，或者与很多不太熟悉甚至陌生的人在一起时，就会感到不舒服。这就是通常所说的“舒适区”。

现实生活中，随着人的不断成长，在上学、升学、就业过程中，其生活及所处的环境会发生很大变化，每个人的舒适区也会逐渐形成，并不断扩大。但达到一定阶段后，特别是人在工作一段时间后，生活、工作会进入相对平稳的发展阶段，一个人的舒适区也会逐步稳定。

不论在工作还是在生活中，形成自己的舒适区有很多积极作用。生活中的舒适区犹如一个避风港，能有效缓解各种压力，有利于个人的身心健康；工作中的舒适区，与同事和谐相处，不仅工作效率高，而且能有效提高个人能力，有利于一个人的成长。因此一个人应该有意识地形成自己的舒适区，并且舒适区越大、越多，就越好。

当然，凡事都要注意把握限度，一个人的舒适区是越大、越多，就越好，而且享受舒适区带来的好处也理所应当；但不能过度沉迷于舒适区之中。温水煮青蛙的故事很多人都知道：将一只青蛙放到热水中，它马上会跳出来；但如果把青蛙放到冷水中，然后非常缓慢地加温，最后等青蛙感到危险想跳出来时，却已经无力跳出来了。这个故事在现实生活中是否真的如此并不重要，重要的是一个人要明白，在舒适、安逸的环境中，人很容易自我满足，进而故步自封，这样会磨灭人的斗志和进取心。沉迷于自己的舒适区，很可能在不易察觉中蜕变。

在人际交往中，同样有舒适区存在。在舒适区内，一个人会给人留下充满自信的感觉，与人交往轻松自如；一旦离开舒适区，人会显得不够自信，与人交往可能也会出现问题。通常，舒适区与人际交往能力有着相辅相成的作用。舒适区是一个人综合实力的体现，综合实力较弱，其舒适区可能就较小；舒适区较大，说明其综合实力较强。在人际关系中，综合实力体现为与人交往的能力，随着与人交往能力的提高，人际关系的舒适区会逐步扩大；相应的，有意识地扩大自己的舒适区，与人交往的能力也会逐步提高。

要想扩展自己的舒适区，提高人际交往能力，第一，要对自己充满自信。一个没有自信的人，舒适区很小，总是怕被拒绝，从而因此不愿主动走出去与人交往，更不用说拓展人脉了。只有树立自信心，才能克服自卑心理，交往中遇到新的问题时才不会退缩并积极克服。

第二，要改掉不良习惯。很多人的思维模式和行为模式都有一些不好的习惯，而每个人的“舒适区”又是由习惯构成的。因此，扩展自己的舒适区就要改掉不良习惯。

第三，有意识地培养自己的适应能力。当身边环境发生改变时，应积极适应环境的变化，适应能力强，才能在新环境中高效率地工作。

第四，扩展自己的舒适区要学会接受、接纳不同的人。人都有各自不同的脾气、秉性，扩展舒适区自然要结交更多的朋友，如果不能学会包容、主动接纳，扩展舒适区只能是一句空话。

拓展人际交往的舒适区，交往对象的数量会大大增加，提高交流沟通能力不仅要提高自己与每位朋友之间的沟通，而且协调做好交往对象之间的沟通也很重要；否则，众多交往对象都不能和谐相处，也绝不可能形成舒适区。人际交往的舒适区以自己为中心，协调、处理好交往对象之间的交流沟通自然不同于一对一的交流。因此，要注意以下几个方面：

（1）给别人做主角的机会。每个交往对象身上都有独特的闪光点，有各自擅长的本领。假如能从每个人那里汲取一些有益的东西，人脉资源网络的竞争力就会越来越大。做法很简单，给每个人以足够的尊重，虚心倾听别人的发言。

（2）做团队调和剂。人脉资源网络像是社会的缩影，在复杂的人际关系中形成舒适区，不但要能和不同性格的人和平共事，还要能从容面对各种问题朋友。除了自己与每位朋友交流沟通良好之外，还要像团队那样，让团队中的每个交往对象都能克服各自的性格弱点，最终形成完美的舒适区。

（3）真心夸奖每个人。人人都需要被肯定、被鼓励，以此激发每个交往对象的交往热情，从而形成网络内相互赞扬的气氛。当然，赞美他人并不是毫无原则地阿谀奉承，只要在看到每个人的长处时大大方方说出来，就能在网络内形成良好氛围。

（4）幽默是形成舒适区的润滑剂。诙谐的谈吐是一种智慧，是化解紧张气氛或尴尬场面最好的润滑剂，如果有幽默感能成为网络内多数人的特长，那么将有助于舒适区的形成，而前提是自己首先要学会宽容、体谅他人、灵活处事，真正成为具有幽默感的人。

（5）摆正自己在舒适区中的位置。舒适区的形成需要大家共同努力和参与，一个人的能力永远比不上集体的力量，就算你有出色的工作能力和业绩也不能忘乎所以。要使每位朋友都担当舒适区中的一个特定角色，而不是只靠自己个人努力，自己应该把精力放在协调工作上，且不要总惦记着自己在他人心中的分量。

总之，有效扩展自己的舒适区，能够有效提高自己与人交往的能力，对人脉资源网络的建设非常重要。要想获得成功，就应该在心里时时问自己：你的舒适区有多大？

缘分是自己缔造的

自然世界之所以奇妙，是因为有偶然因素存在，偶然因素极大地影响着自然世界发展的必然进程，其结果是使自然世界的发展前景变得扑朔迷离。人类社会也是一样，必然的发展常常受到偶然因素的影响，而偶然因素往往在必然的发展中孕育产生，使得人类社会因此变得令人难以预知。人的成功更是如此，偶然之中存在着必然，必然之中也包含着偶然，因此，谁获成功、谁会失败从来没有定论，只要把握住偶然因素，每个人都可能获得成功。

对这类偶然因素，人们通常称其为缘分、机遇、灵感，等等。它们虽然是抽象的概念，摸不着，看不见，但都具有神奇的力量。在人际交往中，这个神奇的偶然因素被称为缘分。缘分的神奇就在于，很多时候，在冥冥之中，便无声无息地铸就了一切开始、发生与结束。在茫茫人海之中，两人的相识是偶然，也是缘分；同样，相遇、相交、相知都是缘分。缘分无须等待，缘分要靠自己争取，一个人要想构建自己的人脉资源网络，就要懂得：缘分是自己缔造的。只有充分利用、有效把握神奇的缘分，才能拓展、积累自己的人脉，使自己的人脉资源网络越来越丰厚。

六度分隔理论告诉我们，在这个世界上，人人都是有缘的，要想交往任何人，哪怕他是美国总统奥巴马，你也可以约见。你跟奥巴马之间隔着的人数绝对不会超过六个，而这六个人中的第二个人肯定是你认识的，也许是你的同事，也许是对门的邻居，只要通过这个人，你就一定会再找到下一个人，最多总共需要六个人，你就能够将这个口信传递给奥巴马。当然，要联系世界上你所要找的任何一个人也是一样。

对于缘分，不同的人有着两种不同的定义。有些人将缘分看做是天注定的，这种人的一生就只能是听凭命运的安排，等着缘分到来，其结果往往是永远也不可能等到属于自己的缘分。另一种人则认为，缘分是由自己创造的，这种人才是真正将命运掌握在自己手中的人，其结果当然是成功者在他们中间出现。

人脉资源网络的建设，不论是人脉资源的拓展，还是人脉资源网络的维护，都离不开缘分。人生在世，每个人都有天然的缘分，父母、兄弟、姐妹、亲戚等有血脉之缘；随着每个人的成长，在升学、就业过程中会有同学之缘、师生之缘、同事之缘等。生活中，和别人有相同的兴趣、爱好是缘分；出门在外，同车、同船是缘分，等等。人与人之间的缘分多种多样，一个人的人脉资源正是通过这些缘分，在不断与人交往中形成的。进一步拓展、积累自己的人脉资源，当然更离不开缘分。

有缘分就可能成为朋友和人脉，善用缘分主动出击，朋友就会源源不断增加。很多人没有意识到这一点，或者没有主动的精神，或者由于自身心态阻碍了冲破自己的圈子，使自己不可能与更多人成为朋友。其实，很多时候是自己内心的圈子或内心的牢笼限制了自己的发展，如果能够打破，就可以与任何人交往，使他们成为自己的朋友和人脉资源。

缘分有亲有疏、有薄有厚、有深有浅、有密切还有宽泛，要想丰厚自己的人脉，就要与尽可能多的人成为朋友，无疑，有效把握各种缘分是关键。俗话说："亲戚亲戚，越走越亲。"将自己的亲戚转变成人脉资源，不仅比较容易，而且也便于有效联络感情，这是与人交往中应予以重视并必须做到的，毕竟社会再发展，血总还是浓于水的。相应的，将与自己有深厚缘分、紧密缘分的人转化成自己的人脉资源，也往往能收到事半功倍的效果。

工作中有效积累人脉资源，是一个人最应注意把握缘分的场合。职场中的人，包括上司、同事、客户，甚至一些人事主管，各种缘分不仅难以胜数，而且通常是比较深厚的缘分，并且时时见面，只要主动出击，往往能建立相当良好的人际关系。工作场合是拓展人脉的主阵地，必须寸土不让、寸土必争，只有这样才能有效积累自己的人脉资源。

如果将在办公室相邻而坐视为缘分深厚，那么生活中萍水相逢的相遇则属于浅薄的缘分。浅薄的缘分通常难以维系，但有效把握从而结下很好的人脉关系，往往能创造奇迹，为世人乐道，因此愈薄弱的缘分愈要珍惜。

英国一个名叫弗莱明的农夫，一天正在田里干活。忽然附近沼泽里传来呼救声，他赶忙奔向沼泽，见一个小孩在泥潭中挣扎，淤泥已没到他的腰部，农夫奋不顾身地救起了小孩。

第二天，一辆豪华汽车停在了农夫的田边，一位贵族下车后，自我介绍说是被救小孩的父亲，他是亲自前来致谢的。

农夫说：“这件事不足挂齿。”

贵族说：“我想用一笔酬金来报答你救了我孩子的命。”

农夫回答说：“我不要报答，这是我应该做的。”

这时候，农夫的儿子刚好走进家门。“这是你的儿子吗？”贵族说，“我给你提一个建议，让我把你儿子带走，我要给他提供最好的教育。如果他像他的父亲一样品德高尚，一定能成为令你骄傲的男子汉。”农夫同意了。

时光飞逝，农夫的儿子从医学院毕业后成为享誉世界的医生。数年以后，贵族的儿子因肺炎病倒了，但经过注射青霉素，身体得以痊愈。

贵族名叫伦道夫·丘吉尔，他的儿子是在二战期间担任英国首相，领导英国人民战胜纳粹德国的温斯顿·丘吉尔。农夫的儿子就是青霉素的发明者亚历山大·弗莱明。

农夫以救人缔造了与贵族的缘分，贵族以助人求学缔造了与农夫的缘分，最终世界历史也因这个缘分而改变。缘分的神奇怎能不令人惊叹呀！把握机遇，普通人一样可能获得成功，关键是要时刻谨记：缘分是自己缔造的。

记住别人的名字

每个人对自己的名字都有特殊的感情——科学家喜欢用自己的名字为自己的发明取名，商业老板喜欢用自己的名字作为店铺的名称。由此可见，每个人都希望自己的名字被他人记住。

戴尔·卡耐基说：“一种既简单又是最重要的获取好感的方法，就是牢记别人的姓名。”记住别人的名字是人际交往中一个很好的习惯，是对他人的尊重，是一种礼貌，因为每个人都希望被人重视。记住对方的名字，而且很轻易就能叫出，等于给予别人一个巧妙而有效的赞美，能迅速拉近彼此之间的距离，这个方法对于和并不太熟悉的人打交道尤其有效。

比如，对于只见了一次面的人，如果下次再见面时，你能很快说出对方的名字，那么肯定会给对方留下很好的印象。有些人总是这样想：“这个人的名字太难记了，算了，就叫他的小名好了，而且容易记。”这是很多人在对方名字不太好念时都有的想法。有时候要记住一个人的名字真的很难，尤其当它不太好念时。但是，要想在人际交往中游刃有余，就要尽力记住对方的名字，而且还要能够轻易叫出，那样他人定会对你好感倍增。

一位著名的推销员在工作中，曾经遇到了这样一个客户，他的名字叫尼古得·玛斯帕·帕都拉斯，是个很难叫人记住的名字。这位推销员在拜访他之前，特别用心念了几遍他的名字。见面时，当这位推销员用全名称呼他“您好，尼古得·玛斯帕·帕都拉斯先生”时，那位客户呆住了，过了几分钟，他激动地说：“先生，我在这个国家十五年了，从没有一个人试着用我真正的名字来称呼我，谢谢你了，年轻人。”

可想而知，这位推销员的单子做成了。很多成功人士都懂得记住别人名字的好处，这也是人际交往中的一种感情投资。

拿破仑早就深谙此理，他总能叫出手下全部军官的名字。是他的记忆力超群吗？不是。其实，他记住每个人名字的方法很简单。如果他没有听清那个名字，会立即说：“十分抱歉，我没有听清您的名字。”如果对方的名字很生僻，他又会向对方请教名字的拼写方法。还有，他在谈话过程中，会不断重复对方的名字，并结合对方的外貌、言谈等特征，在心里做一个轮廓式的记忆。

他喜欢在军营中走动，当遇见某个军官时，就叫他的名字跟他打招呼，并谈论这名军官参与过的某场战斗或军事调动。他经常询问士兵的家乡、妻子和家庭情况。他的做法让下属感到吃惊，当然更多的是感动。这种做法让每个军官对他忠心耿耿，甘愿效劳。

美国一家电器公司的董事长请公司的代理商和经销商吃饭，他私下让秘书按座位把每位来宾的名字依次记下。趁去洗手间的时候，董事长便把这些人的名字都记住了。这样董事长在饭桌上与每位老板交谈时都能随口叫出他们的名字，这使每个人都惊讶不已，生意也顺利地谈成了。

既然记住别人的名字有这么多好处，那么生活中应该如何记住别人的名字呢？

第一，要集中精力听对方自我介绍，让对方觉得他的名字对你很重要。有些人也知道记住别人名字的重要性，所以往往在交谈时总是刻意记住对方的名字，并与他本人的长相等联系起来。殊不知，这样做却容易忽视你们之间的交谈，效果往往并不好。

第二，记住别人名字确实需要一些技巧。比如，重复记忆法。很多人都有这样的经历。刚刚认识的人，一会儿工夫就忘了。所以，最有效的办法就是多重复几次。

比如下面这个推销员的做法。

“早安，您是……”推销员一边说着，一边友善而爽快地伸出手来。这样一来，女主人紧接着就说：“瑞德太太。”女主人客气地问：“我有什么地方可以效劳吗？”“是啊，您一定能帮得上忙的，瑞德太太。”年轻的女推销员重复了女主人的名字。

当然，如果你没有听清对方的名字，就要赶紧问：“对不起，我刚才没有听清，您能再说一次吗？”很多人都会再重复一次。如果方便的话，最好拿出笔来，让对方帮你写在本子上，免得把别人的名字写错。

第三，当与人第一次接触时，需要根据对方的名字与长相做个特征记忆。比如，对方的名字叫张三，张三的长相是头很大，脖子很短，脑门上面还有块疤。找到对方的特征来记，便不容易忘记。

第四，是名片记忆法。与人见面交换名片后，当时就应把名片看清楚，而不是接到手中连看都不看就放起来。回家或回到办公室后，可再拿出来看看。过几天，可把这些名片再拿出来，根据名字回想那个人的面孔，如果还能想起来，那么就不太可能会忘记。对于那些有对方照片的名片就再好不过了，更应该时常把名片拿出来看看。

在你记住别人的姓名之后，要学会应用。下次再和他见面时，如果能大声喊出他的名字，相信对方肯定会感动的。当然，也不能不分时间和场合，一定要在适当时机把对方的名字喊出来；否则，反而会引起他人的反感。

“出”生“入”死，主动出击

人际交往中，每个人都希望能得到贵人相助，或者说在自己最困难时，得到他人的帮助。但是贵人的脸上并没有贴着标签，很难一眼认出他们。这时，我们要做的便是主动出击，走出去才能发现我们需要的人和生意，被动等待只会让更多的人和生意从你身边溜走。

张伟，刚毕业时在当地一个县政府里做文员，并非正式的公务员，工资也不高，勉强维持温饱。对于这份工作，他不是很满意，但又苦于找不到更适合自己的工作。有一次，他到火车站接人。在等人的时候，他便主动跟他旁边的一位中年人聊天，没想到这一聊，还真聊出了他人生的转折点。

这位中年人在一家大企业做销售经理，很欣赏张伟的沟通能力，于是给他留了名片，欢迎他到自己的公司来工作。

一个月后，张伟辞掉了文员的工作，来到大城市的这家公司做销售。销售是一项挑战性很强的工作，他凭借自己的能力，工作起来得心应手。几年销售经验的积累，使他感到充实而满足。

如果你的人脉资源里有很多贵人，那么就要积极行动起来；如果没有，就要抓住每一个机会，尽量去接近那些对你来说有帮助的人。

董健是一个饭店的老板，有一次他无意间认识了一位顾客，这位顾客是当地有名的律师。一天晚上，这位律师因为打赢了一场很重要的官司，特意在董健的饭店和几个朋友举行庆功宴，巧合的是董健的一个朋友也是这位律师的朋友，于是经朋友介绍，双方就认识了。

庆功宴结束后，董健在与这位律师道别时，主动要了一张他的名片。这张名片对董健来讲非常重要，因为他觉得以后自己一定有求于这位律师。于是他便经常与这位律师联系，并在这位律师来饭店吃饭时，经常给予很多优惠。

几个月后的一天，董健饭店里有几位顾客因吃了饭店的饭菜后出现食物中毒，这几位顾客便到当地的质检局投诉该饭店，事情闹得很大。

这可怎么办呢？董健一时也犯难了。后来他想到了那位律师。果然，那位律师很爽快地答应了。不久，律师凭借自己在当地的影响力和人脉，很快解决了此事。结果是，董健给了顾客一些经济补偿而了结此事。

董健的饭店从此吸取教训，大力整顿，不断推出自己的特色菜肴，饭店生意也越做越红火。

机遇也好，运气也罢，从字的构造看，“遇到”的“遇”有一个“走之”旁，“运气”的“运”也有一个“走之”旁。可见，只有在动的过程中才能找到知音。因此，不主动就没有机遇，就没有人会主动帮助你。所以，无论做什么，一定要走出去主动出击，只有这样，机遇才会宠幸于你。

程菲和她老公盘算着过完年在上海做点生意。于是，一天下午，他俩便去看楼房，没想到在看楼时，因为一句问候，却带来了一笔生意！

在售楼小姐向他们介绍了房子之后，他们俩打算去看房。就在等车看房时碰到了一个长得很高大的老人，有五十多岁，看上去很随和，那位老人在同他的邻居打招呼。

程菲心想，听口音这个人一定是东北人，于是，她走上前说：“大叔，您是东北的吧，听口音好像是。”

那老人看了看程菲说：“是的，黑龙江的。”

程菲很高兴地说：“我老家也是东北的，吉林的。呵呵，东三省的，那还真算是老乡啊！”

大叔一听也很高兴，说：“是啊，真不容易，他乡遇故知啊！”于是两人聊了起来。

其间，大叔问："你是做什么的？"

程菲说："我老公是做消防的，做消防工程和消防器材之类的生意，做了七八年了，我以前同他一起做，现在主要做服装，闲时候也帮帮他。"

"消防的？那太巧了，我这里最近正好要搞个消防系统，见了几个工程公司，那些业务员是南方人，总感觉不如咱东北人爽快。这样，耽误你们一点时间，到楼上帮我看一下，那些消火栓还有管道应该怎么弄。"

程菲和她老公跟着大叔上了最高楼层，察看了他们现有的基础设施。随后，程菲的老公说："把你们楼的平面图纸给我就行，明天我带个工程师过来细致地再看一下，回去做个系统的配置和报价给您。"

东北人就喜欢爽快，一听程菲老公这样说，大叔很高兴地说："行，明天过来人直接找我就行了，我有决定权，价格妥了，找老板签个字就行了。这个东西我们也急着用，到新年了，放烟花的多，得做好安全工作。回去给我搞个系统的东西出来，那些没用的都不用搞，一是能保障安全，二是检查能过得去就行了，老板都是朋友，你给我报个最低价。"

就这样，程菲和老公无意间接了一笔单子，而这笔单子就是从一句问候开始的。

所以说，人际交往中，必须要主动出击才能结交更多的人。别把自己关在屋子里，别与外界完全隔绝。走出去，积极参加各种各样的活动，包括茶话会、座谈会，甚至外出旅行等。走出去才能看到更广阔的天地。

笑容是第一生产力

现实生活中，在人际交往时，人们通常看重的是语言、文字的作用。其实，人与人的交往最主要的是心与心的交流，如果重视运用人体自身具备的表情、肢体和行为语言来共同参与交流，效果往往比单纯运用语言、文字要好。因此，在与人交往中，应重视发挥表情和肢体语言的作用。

说到人体自身的表情和肢体语言，最基本的就是微笑。微笑是一种通用的语言，它作为人类最基本的表情，在人与人交往中非常重要，即使两人之间出现摩擦，用微笑往往也能有效化解。微笑有助于人际关系的融洽，所以就有人称微笑是第一生产力，这句话应该不算过分。充分发挥微笑的作用，将有利于拓展、维护好自己的人脉资源网络。

微笑源于真诚，方能彰显人生境界。在生活中，用微笑来面对一切，就是遇到再大困难也不会畏惧；而且微笑能使人的身心健康平和。生活中多一些微笑，就会多一些融洽、和谐与快乐。

在与人交往中，微笑是一种无声的语言，显示着一个人的魅力和涵养。经常面带微笑的人，往往能吸引别人的注意，使人感到愉快。对别人微笑，不仅能使对方本能地回以微笑，而且能赢得别人的好感和信任。如果一个人总是面带阳光般灿烂的微笑，无论在什么地方，无论在做什么，都会让人感到亲切，也会让人乐于交往。

在现实生活中，微笑不但具有一种影响他人的力量，还具备一种自我暗示的力量。一个人的心境、心态都可以通过微笑表现出来，微笑完全源于人健康积极的心态，源于人认真负责的社会责任感和价值追求。对别人真诚地微笑，同样是培养自己乐观宽容的心态。

微笑是一种良好的修养，微笑能够展现出一个人亲切、温馨的表情，能够给对方留下美好的心理享受，从而在交往中形成融洽的氛围。在面对不同情况和不同场合时，用微笑来接纳对方，能够反映出一个人待人的至诚和高尚的修养。微笑能够使强硬者变得温柔，遇到困难也变得容易解决。微笑是人际交往中的润滑剂，是广交朋友、化解矛盾的有效方法。真正懂得微笑的人，总是容易获得比别人更多的机会，也更容易取得成功。微笑可以令人心情愉悦，有助于结交新朋友，给人留下良好的印象；送给别人微笑，别人自然也报你以微笑；还能使人看起来更有自信和魅力。

微笑是人脉交往中最简单、最积极、最容易被人接受的一种交往方法。微笑代表着友善、亲切和关怀，是热情友好的表示。对人微笑就是清楚、明白地告诉对方:“我对你怀着善意”、“见到你我很高兴”,等等。微笑可以给人以善良、热情、谦和、亲切、愉快和温暖的感觉。美好的笑容往往胜过一百句的赞美。与人相逢微微一笑,常常是与陌生人交往最有效的方法。当然,微笑必须出于真诚,假笑不仅无助于与人交往,还会令人不快。

在与人交往中,真诚的微笑是对自己充满自信的表现,这样的微笑具有重要的魅力,能引起别人的注意。俗话说:“微笑说真理。”微笑会使一个人成为最有影响力的人。美国的卡耐基也曾说过:“微笑,它不花费什么,但却创造了许多成果。它丰富了那些接受的人,而又不使给予的人变得贫瘠。它产生在一刹那间,却给人留下永久的记忆。”

微笑是一种力量,是一种不可忽视的可以创造效益的力量。

希尔顿是美国著名的“旅馆大王”,他就是靠微笑创造了巨大财富。当初希尔顿投资5000美元开办了他的第一家旅馆,资产在数年后迅速增值到几千万美元。

希尔顿得意地向母亲讨教现在他该干什么,母亲告诉他:“你现在去把握更有价值的东西,除了对顾客要诚实之外,还要有一种更行之有效的办法,一要简单,二要容易做到,三要不花钱,四要行之长久——那就是微笑。”于是希尔顿要求他的员工,不管是如何的辛苦,对顾客都必须保持微笑。“你今天对顾客微笑了没有!”是希尔顿的名言。

1930年美国经济大萧条,全美的旅馆倒闭了80%,希尔顿的旅馆也连年亏损,希尔顿仍要求每个员工:“无论旅馆本身遭遇如何,服务员的微笑永远是属于旅馆的阳光。”

微笑不仅使希尔顿公司率先渡过难关,而且带来了巨大的经济效益,现在发展为在世界五大洲拥有70余家旅馆,资产总值达数十亿美元。

微笑有助于与人交往。每个人与陌生人第一次见面时,通常都会有不安的感觉,一个善于通过笑容表达自己感情的人,可以使自己更富有魅力,也会给他人更多的安全感,这便是微笑的魅力。微笑可以松弛与陌生人交往的紧张心情,达到心灵沟通,情感交融。

微笑可以给人良好的第一印象,真挚友善的微笑可以消除初次见面的心理状态，撤除陌生人之间的心理障碍，缩短人与人之间的心理距离，有助于打开别人封闭的心扉，让彼此间的交流充满快乐和友情。在与人交往中，陌生人突然相遇，彼此善意的微笑，可以打破不相识的窘境，避免陷入难堪的局面；微笑能迅速化解不知所措的尴尬，有助于消除彼此的戒备心理，有利于双方很快地开展真诚的沟通。

有一种说法叫做生活不需要技巧。意思是说：简单的事情往往具有重要的作用，一个人只要不断做好简单的事，就能获得成功。但是，正因为简单，所以不能引起重视，结果就是，简单的事情做不好，当然无法获得成功。在人际交往中也是同样的道理，只要将微笑这个人类最基本的动作做好，就能将自己的人脉资源网络建设好，而关键是一个人必须在心里牢固树立“微笑是第一生产力”的思想，并时时刻刻真正做到微笑。

礼多人不怪

中国素有礼仪之邦的美称。生活中，逢年过节、婚丧嫁娶等很多场合都要赠送礼物；工作中，特别是商务活动中，人们见面互赠礼物更是基本的社交礼仪。一件小小的礼物作为感情的载体，可以包括很多丰富的含义，常常能在各种活动中起到不可估量的作用。

人际交往中，礼物的作用更加重要。与陌生人交往，初次见面赠送礼物，既是一个人有礼貌的表现，更代表着对人的尊重。一件小礼物往往会给对方留下很好的印象，有利于缩短彼此间的心理距离，使大家更容易成为朋友。而在请求朋友帮助时，送礼不仅是不可缺少的礼数，而且更代表着对朋友的感谢。一个人要想构建自己丰厚而高效的人脉资源网络，做好经营人脉工作，就要对此予以重视。

在与人交往中，送礼送得恰当，会收到非常好的成效，不仅受礼人接受得轻松、愉快，而且送礼者自己也会很开心。送礼有约定俗成的规矩，给谁送礼、送什么礼、怎么送礼，其中有很多奥妙，绝不能瞎送、胡送、滥送；

否则，不仅不能起到增进感情的作用，甚至可能因此影响朋友关系。

通常，在与人交往中，挑选称心如意的礼物需要考虑的因素很多，送礼也应该掌握一些基本原则。一般而言，第一看赠送对象的年龄、身份、地位；第二看赠送者本人的情况及其与赠送对象的关系与感情；第三看赠送的场合与时机；第四看赠送者自己的经济实力——超出自己所能承受的送礼行为，即使让受礼者很高兴，但就赠送者来说，送礼时所感受的快感也会大大降低。

通常，赠送对象的兴趣、爱好和志向也应在考虑之列。比如对于喜爱古玩字画的朋友，可以送他一本他心仪已久的名人字画，这远比送他贵重的电器和营养品要好得多，此谓投其所好。注重挑选礼品的细节及选择最佳送礼的时机和场合也很重要。如果处理得好，会取得意想不到的效果。

在人际交往中，人脉资源拓展工作中的重点是陌生人。而在人脉资源网络维护中，朋友则是关键，对于这两种情况，送礼也有很多技巧需要学习和掌握。

在与人交往中，与陌生人见面互赠礼物，通常是为了沟通感情，减弱交往中的陌生感，拉近彼此之间的心理距离，以便与陌生人更快地成为朋友。因此，在礼物的选择时要注意：第一，要了解对方的基本情况，比如身份、爱好、民族习惯等，以免礼物有所忌讳；第二，礼物不应太贵重，否则容易引起对方不必要的猜忌，不利于与之交往；第三，最好选择与自己身份有关的礼物，比如，自己是牙医，可以送牙刷与牙膏等，这样便于向别人介绍自己。

在与人交往中，如果是为了请求朋友帮助，送礼主要是为了表示感谢，在礼物选择时要注意：第一，礼物不能太轻，礼物太轻很容易让人误解为瞧不起他，而且如果请求朋友帮助的事难度较大，礼物太轻不能表达自己的谢意；第二，礼物最好能投其所好，否则朋友不会欣然接受，毕竟大家比较了解，喜欢什么也会知道，做到这点不会太难；第三，要注意把握送礼时机。

与人交往中，虽然礼物的选择很重要，而“送”则是最重要的一环，送得好，方法得当，会皆大欢喜，境界全出。因此，自然顺畅的送礼技巧不可或缺。送礼的技巧主要有：

1. 借花献佛

如果送的是土特产品，可以说是老家来人捎来的，分一些给对方尝尝鲜，东西不多，又没花钱，不是特意给他买的，请他收下。一般来说，受礼者因盛情难却，会收下礼物。

2. 暗度陈仓

如果送给对方的是酒类等一次性消费品，不如假说是别人送你两瓶酒，来和对方对饮共酌，请他准备点菜。这样喝一瓶送一瓶，关系也近了，礼也送了，还不露痕迹。

3. 借马引路

有时你想送礼给人，而对方却又与你八竿子拉不上关系，不好直接去送。这时，你不妨选受礼者的生日、婚庆，邀上几位熟人一同去送礼祝贺，那样一般受礼者都不好拒绝。借助大家的力量达到送礼联情的目的，实为上策。

4. 移花接木

自己想送礼物拉近关系，可是怕被拒绝驳了面子，如果自己的爱人与对方很熟，可以采用夫人外交，让爱人带着礼物去拜访，有时直接出击不如曲线救国有奇效。

5. 醉翁之意

假如你是给家庭困难者送些钱物，但有时他们自尊心很强，轻易不肯接受济助。若送的是物，不妨说，这东西搁家里也是闲着，让他拿去先用着，日后买了再还；如果送的是钱，可以说拿去先花，以后有了再还。受礼者会觉得你不是在施舍，日后要还，会乐于接受的。这样你送礼的目的就达到了。

6. 锦上添花

一位学生受老师的恩惠颇多，一直想回报却无机会。一天，他偶然发现老师家红木镜框中镶着的字画竟是一幅拓片，跟屋里雅致的陈设不太协调。正好，他的叔父是位全国小有名气的书法家，而他手头正有叔父赠的字画。这位学生马上把字画拿来，主动放到镜框里。老师不但没有反对，而且喜爱非常。

如果不能“雪中送炭”，“锦上添花”也无不可。

7. 异曲同工

其实某种情况下人情也是一种礼物。送人情收到的效果与送礼一般不同，但受礼者却可以毫无顾虑，送“人情”可以算是无本万利。

现实社会中，送礼是社交的基本礼节；与人交往中，送礼是不可缺少的礼数。人与人交往，互赠一些小礼物，往往能融洽气氛，有助于大家成为朋友，对积累人脉资源也有极大帮助。每个人都应重视、学习、掌握送礼技巧，以加快自己人脉资源网络的建设。

把握每一个帮助别人的机会

人脉资源网络的建设，合作互利是基本的原则和策略。合作互利的形式多种多样，并不能保证共同完成一件事情后双方都能从中受益，因此把握每一个帮助别人的机会，在帮助别人的同时，提高自己的专业能力，同样也是一种合作互利。而且，以助人的实际行动与别人交往，比任何技巧都有效，也会更容易与人成为朋友。

提到人脉资源的拓展，特别是与陌生人交往，很多人多少都会有困难的感觉，性格内向、脸皮薄的人更视其为拦路虎、绊脚石。如果能够重视每一次帮助他人的机会，应该说是一举多得的妙方，不仅可以避免与陌生人交往可能遇到的困难，而且能够展示自己的能力。

如果是像帮助别人排除家用电器或电脑方面的问题，通常会到别人家中，这无疑已经拉近与别人的心理距离，毕竟，现在人们的自我防范意识很强，一般不会让人到自己家中。所以因为帮忙而到别人家里，至少说明别人对你已经有了一定程度的认可。

国人素有“滴水之恩，当涌泉相报”的心理，更何况自己帮助别人的行动犹如雪中送炭，必定使人心存感激。相反，如果凡事只顾自扫门前雪，把帮助别人看做是“自找麻烦”、“自讨苦吃”，这样的人是不会有朋友的。

中国历史上，以助人而成己的故事很多，比如战国时期的商人吕不韦就是一例。

在秦国太子安国君的儿子子楚在赵国做人质之时，吕不韦不仅在生活上帮助子楚，送赵姬侍奉子楚，同时，吕不韦还向安国君的宠妃华阳夫人送礼，让其扶持子楚做了安国君的正式继承人。不久，安国君继秦王位，子楚因此坐上了太子宝座，不久又继承了秦王王位，称秦庄襄王。而吕不韦因扶助秦王有功，被任命为相国，封文信侯，并最终以一部《吕氏春秋》名载史册。

吕不韦构建自己人脉的方式，应该说是帮助别人、成就自己的典范。

美国埃·哈伯德说：“聪明人都明白这样一个道理，帮助自己的唯一方法就是去帮助别人。”在越来越多的人表现得自私自利，甚至为了自己的利益不惜损害他人利益的时候，这种帮助别人的举动自然值得称道，并会被别人牢记。因此，以此构建自己的人脉资源网络，必将使人脉资源越来越丰厚。

当然，以这种助人的方式拓展人脉资源，也要注意一些细节：第一，要努力提高自己的专业能力和水平，否则就不是帮忙而是越帮越忙了。要想避免这种情况出现也很简单，就是事先别把话说满，留些回旋余地。第二，多了解别人需要帮助解决的是什么问题，如果感到难以胜任，可以多请几个朋友共同解决。第三，如果是去别人家里，一定注意别给人家添麻烦，特别要注意形象和个人卫生。第四，帮忙解决问题后，尽量把现场收拾得干净利落，力求功德圆满。

总之，注意把握好细节，会有助于树立自己的良好形象。不论什么年代，每个人都喜欢结交有价值的朋友，通过助人体现自己的价值胜过千言万语，相信在帮助别人成功解决问题的那一刻，你就已经被认可为朋友了。

人生在世，世事难料。俗话说：“三十年河东，三十年河西。”谁都可能平步青云，也都可能落难蒙羞，人的命运有时自己很难把握。所以为人处世，就必须有长远眼光，凡事要用平常心去面对，好人必定会有好报，今天的付出，明天就会获得回报，把握每一个帮助别人的机会，真心付出帮助别人，自己一定会得到更多的回报。冥冥之中总有定数，帮助别人就是帮助自己，这样的传奇已经发生在现实生活当中了。

报纸上曾报道过爱子失踪，寻子途中拾金不昧，归还失主找回儿子的故事。

有个叫吴应德的湖南祁东县人，在云南打工时，5 岁的儿子被人拐走，吴应德夫妇伤心欲绝，从此踏上了寻找儿子的历程，却一晃多年毫无结果。

后来，吴应德听说被拐孩子有的被卖到缅甸，于是吴应德进入缅甸，但整整一年也无结果。在他决定回国途中，乘车前，他在厕所中发现一个蓝色布包，打开一看，里面有人民币 1.7 万元和少量的缅甸币。吴应德心想："丢了这么一大笔钱，失主一定急得要命。"于是便在一旁等失主。两个多小时后，一位中年人满面愁容来了。吴应德问清情况后，但还是不放心，于是跟着失主岩良成到了他的家中，吴应德从自己袋中拿出蓝色布包还给对方，岩良成打开一看，竟然分文不少。

岩良成摆酒款待吴应德并提出与他结成儿女亲家。吴应德闻言掉下泪来，把儿子失踪的事说了一遍。岩良成闻言，详细问过吴应德儿子的情况后，就叫家人找来了收养的儿子。

岩良成说："9 年前，有位过路客说妻子亡故，想给儿子找个好人家。我收下后问孩子叫什么，小孩只知道姓吴。我送他到学校读书，现已读初三了。刚才听说您儿子走失，您认个仔细。"

吴应德激动地说："我儿子有个记号，他后脖颈有颗黑痣。"众人连忙打开少年的衣领一看，果真有一颗黑痣。吴应德一见黑痣，抱住儿子喜极而泣。岩良成决定让孩子随吴应德回云南，岩良成说："您有还款之德，难道我就没有还子之义吗？"吴应德寻子的经历被人称为传奇。

帮助别人也就是帮助自己，看似偶然的传奇，却是必然的现实。与此相比，把握每一个帮助别人的机会，并以此拓展、积累自己的人脉资源绝不是困难的事，而因此最终获得的成功也将是必然的结果。

名片的礼仪

现代社会，名片是很多人必备的一种交流沟通的工具，其最主要的作用

是自我介绍。名片是一个人身份、地位的象征，也是使用者要求社会认同、获得社会尊重的一种方式。对于商务人员来说，还是自己所在组织形象的一个缩影。恰到好处地使用名片，会显得彬彬有礼，令人尊敬。

递给别人一张印刷精美、内容符合要求的名片，是一个人有礼貌的表现。名片的外观、内容有三不准原则：

第一，名片不准随意涂改。在国际交往中，名片如同脸面，涂改名片会贻笑大方。

第二，名片不提供私家电话。涉外礼仪讲究保护个人隐私、公私有别，因公与人交往，只需提供办公室的电话，个人的手机号码和私家电话不用提供。

第三，名片上一般不应出现两个以上的头衔。名片上的头衔越多，越会使人产生用心不专、蒙人、唬人的嫌疑。通常，很多有地位有身份的人会准备好几种名片，对不同的交往对象，强调自己不同的身份时，使用不同的名片。

名片的使用有两个基本原则：

第一，在商务交往中，必须要有名片，一个没有名片的人会被视为没有社会地位的人，如果你拿不出名片，别人可能会怀疑你的来历与动机。同时，不携带名片是不尊重别人的表现。

第二，在商务交往中，尽量不索取名片。即使索取名片，一定不能采取直白的表达方式。

交换名片是建立人际关系的第一步。比较恰当的交换名片的方法有三种:

第一种是交易法。这是最常用的方法。俗话说：“将欲取之，必先予之。”想要别人的名片，就要把自己的名片先递出去，并说些诸如“这是我的名片，请多关照”之类的客气话。通常，这时对方会回赠名片。

在商务交往中，由于地位的差异，一些地位高的、有身份的人在接到你的名片时，往往会说声谢谢之后就没下文了。出现这种情况时，不妨采用第二种办法——激将法。你在交换名片时对他说:“很高兴认识您，不知道能不能有幸跟您交换一下名片?”这样，对方即使不想给名片也得给了。

还可以采用第三种方式——联络法。如果必须要与对方交换名片，可以说:“认识您非常高兴，以后希望还能见到您，不知道怎么跟您联络比较方便?”这就是联络法，暗示对方如何才能找到他。一般情况下，对方都会给你名片，如果这样对方还不给，就不应再强求了。

交换名片还有很多细节需要注意，比如，交换名片一般应在与人初识、自我介绍或经他人介绍之后进行。递送名片的先后没有太严格的讲究，一般是地位低的人先向地位高的人递名片，男性先向女性递名片，出于公务和商务活动的需要，女性也可主动向男性递名片。

当对方不止一人时，应先将名片递给职务较高或年龄较大的人；若分不清职务高低和年龄大小，则可依照座次递交名片，应给对方在场的人每人一张，以免给人留下厚此薄彼的不好印象。

如果自己一方人数较多，则应由职位较高者先向对方递送名片。因为名片代表一个人的身份，在未弄明白对方的身份之前，最好不要轻易递送名片；否则，不仅有失庄重，而且有可能被冒用。另外，男士不宜主动给自己朋友的夫人或女朋友留名片，以免发生不必要的误会。

递送名片时应面带微笑正视对方，将名片的正面朝着对方，恭敬地用双手的拇指和食指分别捏住名片上端的两角送到对方胸前；如果是坐着，应起身或欠身递交，递送时可以说些“这是我的名片，请笑纳”或“请多关照”之类的客气话。

如果同外宾交换名片，可先留意对方是用单手还是双手递名片，随后再跟着模仿。因为欧美人、阿拉伯人和印度人惯于用一只手与人交换名片，日本人则喜欢用右手送自己的名片，左手接对方的名片。

接受别人名片也需要注意礼仪。接受他人名片要注意的第一点是，要回敬对方，“来而不往非礼也”，拿到人家名片一定要回。第二点是，接过名片一定要看清楚，通读一遍，看名片的内容是对他人表示重视，同时可以了解对方的确切身份。不仔细看名片内容，容易把对方的名字和姓氏搞错，是怠慢对方的表现，这在社交中是大忌。

接受他人名片时还要注意以下细节：

（1）接受名片时应起身或欠身，面带微笑，恭敬地用双手的拇指和食指接住名片的下方两角，并轻声说“谢谢”、“能得到您的名片十分荣幸”之类的客气话。如对方是地位较高或有一定知名度的人，则可说“久仰大名”之类的赞美之辞，随后当着对方的面，郑重其事地将他的名片放入自己携带的名片盒或名片夹中。

(2) 切记不可当着对方的面用手玩弄名片，或将名片随手乱放；如果接过他人名片后一眼都不看或漫不经心地随手向衣袋或手袋里一塞，则都是对人非常不礼貌的表现。倘若一次同许多人交换名片，又都是初次交换，最好依照座次来交换，并记住对方的姓名以防记混搞错。

在与人交往中，学习、掌握并自觉遵循有关名片的礼仪，是建立良好人脉资源网络的第一步。名片虽小，作用巨大，拥有了名片就是拥有了与对方交流沟通的渠道，因此，必须对此予以重视。

人脉中的二八原则

有人说：“朋友的数量和机遇成正比。”意思是一个人尽可能多地交朋友，会为自己的事业发展带来更多帮助。其实，任何事情都不是绝对的。在构建自己的人脉资源网络，特别是在初期，朋友、人脉资源较少时，的确应该多交朋友、广交朋友；但一个人的精力是有限的，而人脉资源的拓展和维护都需要精心打理。因此，当人脉资源网络达到一定规模后，经营人脉资源自然要耗费很大精力，这时很可能就会顾此失彼。

解决这一问题通常有两种途径，一是停止人脉资源的拓展，二是想办法管理好人脉资源。第一种途径无疑不利于一个人的成长，所以只有想办法管理好人脉资源这条途径才更为可行。经济管理中有一项很重要的二八理论，将其应用于人脉资源管理，通常能发挥巨大的作用，值得每一个人予以重视。

企业经营管理中的二八理论通常是说，80%的经济效益通常是由20%的人创造的。比如在企业中，20%的产品在创造着企业80%的利润，20%的客户为企业带来80%的收入，20%的生产骨干创造了80%的财富，80%的质量瑕疵是由20%的原因造成的等。二八原则最重要的意义就是：要抓住那些决定事物命运和本质的关键的少数。

将二八理论应用于人脉资源的经营与管理，最主要的目的就是：抓住有分量的极少数人。一个人从人脉资源网络中获得的80%的发展机遇，通常是由网络中20%的人脉资源带来的。为了抓住这20%有分量的少数人，就要将80%的时间、精力和资源花费在这些人身上，努力做好交流沟通工作，不仅人脉资源网络仍能有效发挥作用，而且可以大大节省精力，提高工作效率。

而对于带来20%发展机遇的80%的人脉资源，他们的作用也要充分发挥，投入20%的精力和时间，用于这80%的人脉资源，做好他们的维护工作即可。对人脉资源不能平均使用时间、精力和资源，而应区别对待，必须对影响或可能影响自己前途和命运的20%的有分量的人另眼相看；否则，必将每日忙于处理各种人际关系，而没有时间和精力去成就事业。

应用二八理论对人脉资源进行经营与管理，抓住有分量的极少数人，应从人脉资源的拓展开始。人脉资源是一种无形的财富，但并不是每个朋友都能带来财富与机会，从源头开始有选择地谨慎与人交往，不仅有利于提高人脉资源的质量，更有利于投入更大的精力与有分量的人脉交往；从源头开始有选择地与人交往，可以为以后高效开展人脉经营打好坚实的基础。

对人脉资源进行经营与管理，抓住有分量的极少数人，应从择友开始。交往的朋友最好德才兼备，而选择朋友则应以德为先。与有品德的人交往，自己的品德也会提高；与没有品德的人交往，不仅不会提高自己的品德，还可能给自己带来不必要的麻烦，无品德的人能力越强，给自己带来的损害就越大。因此，与人交往必须有所选择，不能以地位、财富为取舍标准，而应以品德、修养为重。

对人脉资源进行经营与管理，抓住有分量的极少数人，在重视品德的基础上，要尽量与比自己能力强或有互补能力的人交往，这些人能力越强对你帮助越大。一般，这样的人主要有以下几类：

1. 导师型的朋友

他们会不断激励你，让你看到自己的优点。这类朋友不一定是现实的师长，但一定是在某些领域具有丰富的经验，能经常在事业、人际交往等方面给自己提供建议。拥有这种朋友会使自己得到最大的心理支撑。

2. 维护型的朋友

他们会一直维护你，并在别人面前称赞你。与这类朋友交往可以得到相互支持、相互打气，有利于彼此共同成长。在一个人的成长过程中，朋友的支持与鼓励是最珍贵的。而当遇到挫折时，这类朋友往往可以分担一部分的心理压力。朋友的信任与鼓励是帮助自己克服困难最有力的支持。

3. 有默契的朋友

他们和你兴趣相近，也是你最容易相处的人。大家在一起，会因为想的事、说的话都相近而经常有心有灵犀的感觉。与他们交往会不断地产生自我认同，大家的兴趣、人生目标或喜好都可以分享。这种稳固的感受共享会在心理上获得安全感。这类朋友会使你更容易实现理想，并获得更多的快乐。

4. 帮助型的朋友

与这样的人交往，会很快融入对方的圈子，他们乐于给你介绍志同道合的人认识。这类朋友在你得意时可能见不到他；但在你失意时，他们会及时地出现。他们始终愿意给予最现实的支持，让你看到希望和机会，以及不断地得到积极的心理暗示。

5. 鼓励型的朋友

与他们交往能放松心情，这些朋友还常常是最好的倾诉对象。这类朋友是很好的倾听者，与之交往没有任何心理压力，总能发泄出自己心中的烦闷，重获良好、平衡的心态。

6. 知识型的朋友

他们有更多新观点、新知识，这类朋友在人生中也是必不可少的。他们知识广、视野宽、人际脉络多，会帮助你获得许多不同的知识，使你站得更高，看得更远。

7. 引导型的朋友

他们通常思路清晰，在你需要指导、建议及理清思路时最需要这样的帮助。每个人都有遇到困难和问题，但靠个人能力又难以化解的时候，这时，这类朋友会最及时、最认真地帮助你考虑问题，提供最适当的建议。因此在你焦虑和困惑时，这类朋友可以帮助你找到明确方向。

人脉资源网络不仅要丰厚，而且更要有效。对于一个人的前途和命运具有重大影响和决定作用的重要人物，通常只有几个，甚至只有一个，运用二八理论经营人脉资源，就是要花费精力、时间、金钱维护好这些最有分量的少数人，有了这些关键的20%的朋友，会大大有助于一个人获得成功。

给予真诚的赞美和感谢

心理学家威廉·詹姆斯指出："渴望得到赏识是人最基本的天性。" 另一位管理大师也说："促使人们自身能力发展到极限的最好方法，就是赞赏和鼓励……"的确如此，从社会心理学角度来说，赞美是一种非常有效的交往技巧，它能有效缩短人与人之间的心理距离，能让交际更加顺畅。

生活中经常听到有人抱怨说这个人太难处了，太傲气了，太冷漠了……但你是否想过造成这种局面的原因，是不是因为你缺乏真诚的赞美呢？是不是没有以一双欣赏的眼睛去看待对方呢？

小张春节坐火车回家，对面坐了一位漂亮女孩，气质非凡；但给人的感觉却很冷漠。车行了四五个小时，她们俩也很少讲话，这让小张觉得原本枯燥的旅途更加枯燥、沉闷、无聊。无奈的小张便打算闭目养神一会儿，可就在这时她无意中瞥见对面女孩的手链很别致。

于是，小张看着那位女孩说了句："你的手链很少见，非常别致，恐怕市面上很难买到。"听到小张一夸奖，女孩便开始说话了，微笑着跟小张说这个手链是谁送的，并跟小张说她的男朋友的一些情况。就这样，两人渐渐聊得越来越投缘，两个人的旅途也不觉得寂寞了。

无论是谁都喜欢被人赞美，渴望得到别人的赞美是人的一种天性。生活让人们懂得，恰当的赞美可以获得他人的友善和合作。

詹姆斯太太雇用了一位女佣，要求她下星期一正式上班。利用这段时间，她打电话给那位女佣的前任雇主，询问一些她的个人情况，结果得到的评语却是贬多于褒。

女佣到任的那一天，詹姆斯这样对女佣说："索菲亚，几天前我打电话请教了你的前任雇主，她说你为人老实可靠，而且煮得一手好菜，带孩子也很细心，唯一的缺点就是理家比较外行，老是把屋子弄得脏兮兮的。我想她的话并非完全可信，从你的穿着可以看出来，你是个很讲究清洁的人，我相信你有这种习惯，一定也会把家里整理得井井有条。我们应该是可以相处得宾主皆欢才对。"

后来，她们果然相处得很愉快，索菲亚真的把家里打扫得干干净净，一尘不染，而且工作非常勤奋，宁可自动加班也不会任工作搁着不做。自然，詹姆斯对她的这位女佣也非常满意。

其实，人都有一个共性，就是在受到别人赞美之后会极力维护这份荣誉。赞美能激发人内在的自尊，人们都喜欢与真诚赞美他们的人接触交往。

其实，在与人交往的过程中，不仅仅是真诚的赞美令人愉悦，真诚的感谢也同样能起到这样的作用。无论是谁有恩于你，都要铭记在心，在适当的时候给予回报。

一个家境贫寒的男孩为了积攒学费，便挨家挨户地推销商品；但推销工作并不像他想象的那样顺利。傍晚时，他又累又饿，想要放弃一切。

走投无路的他敲开一扇门，希望主人能给他一杯水。开门的是一位美丽的年轻女子，她笑着递给了他一杯浓浓的热牛奶。男孩捧着热牛奶流下了眼泪，喝完之后，他觉得浑身充满了力气，并对人生重新鼓起了勇气。许多年后，他成为一位著名的外科大夫。

一天，一位病情严重的妇女被转到了那位著名的外科大夫所在的医院。大夫看了病人的病历之后，马上安排了手术，因为少妇的病已经不能再等了。手术进展得非常顺利，也就在这时，他无意得知她是某某镇的，一下惊呆了。记忆把他带回了那个又累又饿的傍晚……没错，是她。他想起来了，眼前这位病人就是当年给自己热牛奶的人。于是，他想为她做点什么。当一直为昂贵手术费而发愁的少妇硬着头皮办理出院手续时，她在手术费用单上看到的是这样七个字："手术费：一杯牛奶。"

也许少妇早已经忘记了，然而这又有什么关系呢？感恩是发自内心的。俗话说："滴水之恩，当涌泉相报。"人生中，我们会得到许多人的帮助，对曾经帮助过我们的人一定要给予真诚的感谢。"谢谢你""我很感激你"这样的话应该经常挂在嘴边，并以特别的方式表达自己的谢意，这样每一个帮助你的人都会对你有好的评价，也愿意再次帮助你。

无论是真诚的赞美还是真诚的感谢，首先要发自内心，绝不能虚伪做作地表演。如果赞美不是出自真诚，就显得没有根据，甚至对方还会觉得有拍马屁的嫌疑。为了避免产生这种误会，就必须确认并坚信你所赞美的对方确实具有你所赞美的优点和长处，而且必须诚心诚意地敬慕和佩服他。对人表示感谢时避免说大话、空话，否则给人一种不实在的感觉。其次是找准时机。如果时机不对，无论是真诚的赞美还是感谢，恐怕都会适得其反、弄巧成拙。

给予真诚的赞美和感谢吧！它是人与人之间交往的润滑剂，有了它，人与人之间的关系会变得更加美好，人与人之间的距离也会就此拉近。不信，你就试试！

交谈是一门艺术

在与人交往中，交谈是最基本的能力，良好的交流沟通从交谈开始。交谈是一门艺术。一个人与别人交流，不仅要善于听别人说的话，而且要讲对方感兴趣的话题；只有不断学习、掌握交谈的技巧，才能与人交往融洽、顺利。相反，如果不注意交谈的技巧，不仅大家成不了朋友，甚至可能得罪他人，引来不必要的麻烦。因此，重视不断培养、提高自己与人交谈的能力和技巧，对拓展、积累自己的人脉资源大有好处。

和别人交谈时一定要让对方感到他很重要。潜意识里每个人都觉得自己很重要，每个人都希望被别人认为很重要。在与人交往时，如果能满足对方

的这种需要，则对方一定会对你产生好感，因为没有人会讨厌一个喜欢自己、尊重自己的人。相反，如果自视甚高，总觉得自己很重要，却忘了别人也需要这种感觉，交往、共事总是以自己为中心，不经意间还流露出对别人的轻视，那么这样的人不会被大家欢迎。要想使别人感到他很重要，关键是要把对方放在心上，让对方真切感觉到他在你心中处于重要的位置。

与人交往，让对方有认同感也很重要。人与人初次见面，如果能发现与对方有很多的共同点，比如认识相同的人，有相同的兴趣，或者有共同的经历，甚至是对某件事的看法和观点类似，这样就能让彼此感觉开心，并希望交往下去。交往双方找到共同的话题，往往容易彼此认同，哪怕是简单的一句“我有同感”，都能让彼此因为具有相同点而变得熟悉。

因此，在和别人的交谈中，话题的选择至关重要。一个合适的话题，能让对方兴趣大增，滔滔不绝；而一个不合时宜的话题，会使人三缄其口，失去继续交往下去的欲望。

在与人交谈时，选择一个合适的话题最为关键；但须注意以下几点：

第一，要以对方为中心，以对方感兴趣的事情为话题。如果你选择的话题对方不太了解，或者根本不感兴趣，就会引起交流不畅。

第二，以对方擅长的事情为话题。和人交谈就如同打乒乓球，而提出话题，就如同发球，发的球对方很容易接，对方当然乐意。同理，如果话题涉及的事情是对方非常擅长的，对方也当然愿意和你交谈。比如，看到对方的字写得漂亮，就可以由此开始并继续下去，彼此的关系也会迅速融洽。相反，如果明知对方字写得很烂，却要和对方交流写字的体会，对方当然无话可说，甚至以为你故意让他难堪，如此地交流自然无法成功。

第三，如果交谈对象有几个人，就要以大家共同关心的事情为话题。如果男性少、女性多，最好不要找国际时事、体育新闻类的话题来谈；而应该找些女性喜欢的话题，比如时尚等。以多数人共同关心的事情为话题，通常有利于共同交流、成功沟通。

在人际交往中，共同话题有利于彼此交流沟通，但也要注意交往的环境和场合。不同场合，有的话题合适，有的可能就不合适；同样的话题，在一种环境、场合中会有很好的效果；环境、场合变了，就可能使人反感。其实，不仅是话题，有时交谈的语气、形式甚至声调也要注意环境、场合；否则不仅达不到交流的目的，反而会影响与别人或朋友的关系。

我国文化传统一向重视内外有别。都是所谓的自己人，“关起门来谈话”，可以无话不谈，甚至公开谈论私密话题，说些过分的话也没关系。一旦有所谓的外人，或是公众场合，话题、语言就要注意，不能超越界限，这就是通常所说的内外有别。

正式场合，谈论的话题及说话应严肃认真，事先要有所准备，不能乱扯一气。非正式场合可随便一些，像聊家常一样，便于感情交流。对于非正式场合的一本正经，说话文绉绉，或者正式场合的话题不堪入耳，讲话俗不可耐，都是因为没有把握好正式场合与非正式场合的界限。

另外，庄重场合的话题、语言、语气要注意严谨、厚重；相对随便些的场合，话题轻松一些才有益交流。喜庆场合与悲痛场合更要注意交谈的话题。在办喜事时，逗逗小孩、唱歌演戏能活跃气氛；在大家悲痛时，谈论旅游、电影或者逗小孩玩，只会使人侧目。如果对方很忙，时间很紧，说事情就得简明扼要，如果长篇大论、海阔天空，肯定不会有好结果。

与人交往，如果不分环境与场合，不论熟人与生人，那么不是无话可谈，就是胡言乱语，这样的交流沟通，彼此绝对不可能成为朋友。交谈是一门艺术，只有善于听别人的话，并且讲对方感兴趣的话题，才能做到顺畅交流、良好沟通，才能易于与他人结友，也才能有助于自己人脉资源网络的建设。

调整自我的心态

人生绝不会一帆风顺，脚下的路总会坑坑洼洼、高低不平，与人交往也是这样。人们在相互交往中，为人也好，处事也罢，总会由于这样那样的因素，在某个时间，某个地方，遭到他人的拒绝。面对被人拒绝的现实，除了要有一定的胆略之外，还要调整好心态，具有良好的心理素质。

在开展人脉经营时，免不了会与大人物接触，在与他们接触时，不要有自卑的心理，认为自己无德无能，不可能与大人物结交；也不要以为自己穷，买不起衣服，就随便穿一身衣服去赴约。这样做，不仅是对自己的不负责，而且也是对他人的不尊重。同时也不要老想着万一被拒绝多不好意思，多没面子。与人交往总会存在认可与拒绝两种情况，认可固然好，但被拒绝后就需要迅速调整心态。

说到底，心态其实就是考虑问题的习惯而已。在面对各式各样的问题时，每个人都有不同的习惯，有积极的，也有消极的。究其根源则与每个人不同的成长背景、教育背景、价值取向以及对客观事务的认知程度有关。开展工作、解决问题就要与人打交道，就要全面分析、多角度考虑问题，绝不能只看表面，过于着眼于实际。考虑问题基于现实固然对；但拓展人脉时，过于看重现实会妨碍与人进一步交往。

下面以业务员拜访经销商为例来说明。

对于业务员来说，第一次拜访经销商都会觉得很困难，他们经常基于以下考虑从而使问题变得更加复杂。

（1）第一次应该怎么跟经销商说呢？因为我家的产品与同类产品确实还有很大差距啊，无论是质量、品牌，还是市场投入，等等。就这样，越想越觉得这次谈判不能成功或者成功的可能性很小。

实际上这样想完全是太过于面对现实了，世界上根本就不存在完美，因此也绝对没有完美的产品。所以自家产品的问题，别人家可能也有。自家产品没有的问题，别人家也可能有。所以，不要只盯着自家产品的问题，而应该着眼于自家产品的优势上。作为一名合格的业务员，就是要通过自己的努力来弥补这些缺陷，或者说来解决问题，而不是让你看着这些问题发愁。

（2）最好一次会谈就成功，否则以后合作的可能性不大。

这种心态便是有些急于求成，这也是很多业务员普遍存在的问题。如果业务员总是抱着第一次就成功的心态，是做不好业务的。因为任何业务的开展都不是第一次就能拍板的；即使有，也绝对是少数。

第一次见面只是双方先接触一下，彼此认识，有个初步了解。如果对方很感兴趣或者对你的印象不错，就已经说明很成功了。

(3) 经销商看不上我家产品怎么办?

经销商看不上，只能说明不适合，千万不要因此就丧失信心……

通过以上事例再重新审视自己，可能遭人拒绝后就不会那么沮丧、泄气了，而是完全能恢复到一个良好的心态。

要想和奥巴马这样地位高的人接触，以一个普通人的能力遭人拒绝是很正常的事；但绝不能就此消极、一蹶不振，更不能就此打消与奥巴马之类地位高的人继续接触的想法。遭人拒绝不见得完全是一件坏事。虽然遭人拒绝很痛苦、很委屈、很伤心；但它也可能给你带来主动解决问题的办法，带来心理承受能力的逐步增强，带来结交更多朋友的机会，带来今后成功的希望。这一切，只须你在被人拒绝之后调整好自己的心态就能实现。

曾经有一个大学生，家境贫寒，但是他有一个非常好的创业想法，只是苦于没人投资而一直没有实现。他想到了当地的一个企业家，希望他能投资，于是便登门拜访。临去前，他买了一套西服，刮了胡子，希望给他留下一个好印象。

他把自己起草的创业计划书拿给那个企业家看后，那个企业家边看边皱眉，最后说："小伙子，你的勇气可嘉；但是你的计划书只是停留在理论上，缺乏可操作性。"

虽然遭到企业家的拒绝，但是大学生并没有因此气馁。他回去后把自己的计划书又认认真真地从头到尾看了一遍又一遍，把该完善的地方做了修改，最后他还是不放心，怕自己的想法不全面，又花钱去咨询，回来后又修改。

就这样，三个月以后，他又一次大胆地向那个企业家递交了自己的计划书。当然，这次企业家对他的计划书很满意，最后，终于同意投资了。

所以，遭到拒绝后，按照下面一些方法可以帮助你调整心态：

1. 汲取教训

遭人拒绝后，要汲取教训。要明白遭人拒绝所为何故，然后调整战略，避免再度出现让人拒绝的情景。成功的关键就在于要汲取教训。

2. 继续向前

遭人拒绝后，应该激励自己继续向前走，不要因暂时的拒绝就停滞不前，更不要心灰意冷。要对自己的前景进行分析，坚信自己的目标，摆脱那些因遭拒绝而可能产生的负面影响。遭到拒绝不过是众多挫折中的一个小插曲，忘掉它，一心一意朝着目标努力就会取得成功。

3. 调整计划

当遭人拒绝后，应该认真分析原因，看看是不是需要做些改善，如果是，就要马上调整计划，改变自己。

第 5 章

奥巴马不可能永远 49：人脉管理需要时时更新

奥巴马不可能永远 49 岁，人脉网络也不会一直维持在一个模式内。流水不腐，户枢不蠹，及时地更新、梳理自己的人脉网络，才能将更多的人脉资源存入户头中。杀毒软件、服装、电器都要跟上时代，所以你也不能做“OUT”族，让自己的人脉滞留在冰河时期。醒醒吧，好好给自己的人脉系统来一次更新换代！

人脉资源需要及时整理

在生活和工作中，很多人乐于与人交往，认识的人不仅多，而且范围广，用他们自己的话说就是：朋友遍天下，数也数不清。而越是这样的人，可能越会在遇到问题和困难时手忙脚乱，找不到可以帮忙的人。

究其原因，一方面说明他们没有交到有用的朋友，而更主要的原因则是，这些人不懂得人脉资源需要维护的道理。交往的朋友太多，各种信息都纠缠在一起，自然在需要时理不清头绪。

要想使人脉资源网络及时发挥作用，关键时能为自己提供帮助，在与人交往的同时，应对人脉资源随时进行整理，这样才能避免类似问题的发生。

很多人正是因为遇到过手忙脚乱的情况，才试着对自己的人脉资源进行整理；但不是感觉麻烦，就是因为认识的人太多而无从下手。其实，如今科技日益发达，互联网上有很多档案管理的小软件，下载安装都很方便，即使交往的朋友再多，也不用花费很多时间就能建立起一套完整的人脉档案，再根据它建立一个日常的人脉日志供平时使用，其实很简单。

人脉资源需要及时整理，才能在需要时及时发挥作用。在整理自己的人脉资源之前，先要有一个合理的规划。

首先，确定适合自己的人脉资源分类标准，这是一个人做好人脉资源整理的基础。人脉资源有重要和不重要、亲密和疏远、常用和不常用之分，还有行业和地域的区别。一般可以简单地按地域分类，如按省份、城市；也可以按行业分类；还可以按人脉资源的性质分类，如同学、客户、专家等。只要找到一种最符合自己特点和习惯的分类方法，就能将整理工作做好。

其次，对已有的人脉资源进行清理。每个人生活、工作中都会有很多朋友，通常也会有很多名片。单位中有领导、同事及客户的名片，生活中有亲属、朋友和同学的名片，还可能有电器维修、送水送餐、订车船票等人员的名片。因此，随着一个人的成长，名片也会越来越多。除名片外，还有很多是随手记在书本上、纸上的联系方式等，这些名片和手写的联系方式都是需要整理的人脉资源。但最好在做完自己的人脉资源规划后，再着手进行人脉资源的整理工作。

很多人总结了不少整理名片的技巧，比较常用的是：一扔二拣三保留。一扔，就是先将没用的、过时的扔掉，这样做能减少工作量。二拣，就是挑选重要的、必须保留的名片，这样做能避免重要信息丢失。三保留，就是经过前两步后，在剩余名片中，属于可有可无的名片要尽量保留。

通过以上步骤，基本可将与名片相关的信息处理完毕。接下来还要将自己头脑中记忆的人脉资源的资料进行整理。毕竟人的记忆力是有限的，而记在头脑中的大多数都是最有用的人脉资源，一旦想不起来，往往会有很大损失；而且，在遇到突发事件时，平时记得很清楚的资料也可能想不起来。

整理人脉资源的目的，不仅可以防止有用信息丢失，更重要的是可以发现自己在人脉经营中存在的不足，有针对性地加以改进。检查人脉资源的构成是否合理，可以从以下几个方面考虑：

首先，根据已有的人脉资源制定自己科学合理的人脉资源结构。比如，性别结构、年龄结构、行业结构、学历与知识素养结构、高低层次结构、内外结构、现在和未来的结构等。不少人的人脉结构单一，这会导致人脉资源的质量不高。比如，有的人只重视公司内部的人脉资源，而忽视了公司外部的人脉资源，造成人脉狭窄、信息闭塞；有的人只重视眼前的人脉资源，而忽视了未来的人脉资源，结果，随着职业和事业的发展以及环境的变化，造成关键时刻人脉资源缺位断档，临时抱佛脚往往效果不好。

其次，人脉资源要兼顾职业、事业和生活的需要。一个人的人脉资源不能只顾职业的发展和工作的需要，还要重视生活和应急的需求。比如，有的人尽管对自己的工作、事业起不到什么作用，但却是日常生活中的好帮手，这类人脉也不应该忽视。

最后，人脉资源要平衡物质和精神方面的需要。一个人不可能只有工作和事业，而不需要生活乐趣，而且如果生活中有一两个善于倾听的伙伴，那么在单位、工作中不适合说的话，可以对其倾诉，自己成功时可以与其一起分享，这样对一个人成就事业将会有很大帮助。

每个人的人脉资源都需要及时整理，这样做的好处显而易见，除了可以防止信息丢失外，还有利于做好人脉资源的维护。其实，最重要的作用还在于，这是一项基础工程，只有不断整理并及时总结自己的人脉资源，并通过不断修正人脉资源中出现的偏差和问题，人脉资源网络才能在牢固的基础上更加强大，为一个人的成功真正发挥作用。

保持好奇心

众所周知，好奇心是推动人类社会进步的一大原动力，因为有好奇心，我们才有了不断的发明和发现。好奇心是科学之母，没有哪位伟大的科学家不是一位怀着极端好奇心的人。正是由于袁隆平的好奇心，才使一粒种子改变了世界。人际交往也是如此，只有保持对他人的好奇心，才会有兴趣去结识更多的人，你的人脉才会越来越广。

一个只关心自己，对别人、对外界没有好奇心的人，即使有再好的机会出现，也会与机会擦肩而过。相反，一个充满好奇心的人，就会与机遇结缘。

吕春穆，京城“火花”首富。他的成功就得意于自己的好奇心，得意于交际。原来他是北京一所小学的美术教师。一天他在杂志上看到有人利用收集到的火柴商标引发学生们的学习兴趣和创作灵感的报道，他决定收集火花。于是，他展开了广泛的交际活动。首先油印了200多封言词中肯、情真意切的简短信件发到各地火柴厂家，不久就收到六七十个火柴厂的回信，并有了几百枚各式各样的精美的火花。

此后，他主动走出去以“花”为媒，以“花”会友。1980年，他结识了在新华社工作的一位“花友”。这位热心的花友一次就送给他20多套火花，还给他提供信息，建议他向江苏常州的一位花友索购一本花友们自编的《火花爱好者通讯录》。由此他欣喜地结识了国内100多位未曾谋面的花友。

他与各地花友交换藏品，互通有无；他利用寒暑假，遍访各地藏花已久的花友，还通过各种途径与海外集花爱好者建立联系。他先后在报刊上发表了几十篇有关火花知识的文章，还成为北京晚报“谐趣园”的撰稿人。他的火花藏品得到了国际火花收藏界的承认，并跻身于国际火花收藏组织的行列。1991年他的几百枚火花精品参加了在广州举办的“中华百绝博览会”……他以14年的收藏历史和20万枚的火花藏品，被誉为火花大王。

很显然，吕春穆的成功得益于他的好奇心，他能因杂志上的一篇报道而做出收集火花的决定，就是好奇心的驱使，之后他利用一切机会认识更多的集花爱好者，从而走向成功。

诚然，我们不仅仅要对外界有好奇心，还要对他人有好奇心。

查理·沃德是布朗比格罗公司的董事长，他的公司是全世界最大的月历卡片制造公司。四年前，沃德因税务问题而服刑。老哈维·麦凯是位记者，觉得沃德的逃税一案有些失实，于是赴监采访沃德，写了一些公正的报道。沃德非常喜欢那些文章，他几乎落泪地说，这才是真正属实的报道。正是由于老哈维·麦凯的好奇心，他才会到监狱里采访，才写出了属实的报道。

出狱后，查理·沃德和老哈维·麦凯仍然保持着联系。有一次，他问老哈维·麦凯是否有儿子。

“有一个在上大学。”老哈维·麦凯说。

“何时毕业？”沃德问。

老哈维·麦凯说：“正好需要一份工作的时候。他刚毕业。”

沃德说：“噢，那正好，如果他愿意，叫他来找我。”就这样，小哈维·麦凯便得到了一份工作。

在人际交往中，只要你保持好奇心，善于结缘他人，每个人都会成为你生命中的贵人。奥地利著名心理学家阿尔夫·阿德勒写过一本名为《人生对你的意义》的书。他在书中说：“对别人不感兴趣的人不仅一生中困难最多，对别人的伤害也最大，人类的所有失败都出自这种人。”

也许会有人说我只对成功人士有好奇心、感兴趣。这样想就偏颇了。对成功人士感兴趣没有错，因为你可以从成功人士身上学到很多东西。但是我们也应该对我们身边的每一个人都感兴趣，都怀有一颗好奇心，有机会帮助他们，这样便会赢得他人的尊重，拥有好的人缘。罗斯福总统便是这样一个人。

有一天，卸任后的罗斯福到白宫去。这时，他那种真诚对待身份卑微人的态度体现无遗：他同所有的白宫仆人打招呼，而且能叫出每个人的名字，连厨房的姑娘也不例外。

当他见到厨房的阿丽丝时，问她是否还烘制玉米面包。阿丽丝回答，她有时为其他仆人烘制一些，但是楼上的人都不吃。

“他们的口味太差了！”罗斯福颇为不平，“等我见到总统的时候，我会这样告诉他。”

阿丽丝拿出一块玉米面包放在盘子上给他，他一面吃着一面向办公室走去，经过园丁和工人的身旁时，还不断跟他们打招呼……

由此可知，罗斯福总统如此受人爱戴的原因了。

有好奇心不是坏事，这是与他人保持适度交流的必要动力；只有具有好奇心，我们才能有跟他人结识的愿望，才会主动与他人交流。试想，假若一个人对周围的人和事一概没兴趣，那么哪来的人际交往呢？但是，好奇心也应该适度，如果过度好奇，恐怕也是坏事。如果一个人总让周围人感到对别人的事情过分关心，则或多或少有干涉他人内政之嫌。久而久之，别人也会不分什么事情，一概对你敬而远之。所以说应该保持适度的好奇心。

好奇心是人生拓展的原动力。如果你希望人生过得丰富多彩，那就在生活中多带些好奇心；如果你希望自己能拥有好人缘，那就多带些好奇心去结识他人吧。

别贪图白吃的午餐

构建自己的人脉资源网络，首先应该以谦虚的心态真诚待人，只要是有能力的人，都应尽量结交。同时，还要有必要的防范心理，俗话说：“知人

知面不知心。”社会心理学告诉我们，人的行为与动机并非是完全对应的，它们之间存在着错综复杂的关系：同一动机可以产生不同的行为；同样，同一行为亦可能由不同动机所引起。因此，在与人交往过程中，不仅要看交往对象在交流沟通中的行为，更要留意交往对象的内在动机，这样才能全面、深入了解交往对象，以确定其是否值得自己交往。

随着一个人的成长，认识的人会越来越多，不论在生活还是在工作中，常常会遇到待人热情，非常容易接近，而且时常会给自己或他人一些小恩小惠的交往对象。与这类人交往时，不能被眼前的小恩小惠所迷惑，而是要透过对方的语言和行为探寻其与自己交往的真正动机，如果仅仅觉得对方人好就将其视为自己的朋友，贪图白吃的午餐，那么很可能会因此交到对自己成长毫无作用，甚至会给自己带来不必要麻烦的人。但对爱施小恩小惠的人也不能完全拒之门外。其实，这样的行为往往是这些人非常注意交际技巧的表现，只要心中有所把握，真诚、谦虚相待，彼此同样有可能成为对方的人脉资源。

在与人交往过程中，只有做到不贪图白吃的午餐，才可能结交到有益的朋友。所谓贪图白吃的午餐，就是不论在生活还是在工作中，都表现出爱贪小便宜、见钱眼开、斤斤计较，这势必对人脉资源的拓展及维护造成不利的影响。

有句古话叫“贪小便宜吃大亏”，好贪小便宜的人，因为利益关系，会自觉不自觉地把自己孤立起来，使自己的路越走越窄。现实生活中，爱占便宜的人一般都没有什么朋友，因为与这样的人相处，别人总觉得被占了便宜。和斤斤计较、见钱眼开的人交往是一种痛苦。爱贪小便宜的人在专业知识等方面也许有过人之处，而且也未必一定是品德败坏的人；但这种过分追求个人利益的行为在强调团队、强调合作精神的今天，是不会有市场的。因此，在与人交往中，不能做一个斤斤计较、好贪小便宜的人。

在不贪图白吃的午餐的同时，如果能做到待人热情，使人易于接近，而且时常能帮助别人，通常会有助于与别人成为朋友；相比于总是一脸严肃、不苟言笑的人来说，这样做会很自然地给别人留下良好的印象，别人自觉或不自觉地乐于和你交往。

如果通过深入交往，发现对方的确是斤斤计较、爱贪小便宜的人，那么，也不难解决。对于请求自己帮助的事，如果合情合理，自己又能够做到，那么积极努力地解决即可。如果有违常理或突破了自己的底线，则绝不能碍于情面而答应对方，即使今后不再做朋友，也必须坚决地拒绝；否则很容易给自己带来不必要的麻烦。当然，最简单的方式就是通过自己有意识的疏远行为，而自然地拉大与这种人的距离。

虽然自己不喜欢爱贪小便宜的人，但并不能保证不和这样的人打交道。为了使自己的人脉资源更加全面、优质，有必要将这样的人加入自己的人脉资源网络中。但与这些斤斤计较、爱贪小便宜的人交往必须更加用心，可以将这样的人看做是不太重要但可存在的朋友，最好将这类人在自己的人脉资源中单独列出，归为需要谨慎对待的朋友，而且必须注意：一方面不要向其他朋友推荐这样的人，另一方面这类人很可能随时因为私利而弃朋友。

因此，要经常关心这类人的状况，在与其交往中设定一些底线，绝不能让这类人完全掌握自己的情况。同时，要充分了解、发挥这些人的能力，当自己遇到问题和困难时，虽然不能期望这些人能够完全替自己解决问题，但至少可以多一种解决问题的方案和途径。

只要心中有所把握，用心、认真对待他们，这种斤斤计较、爱贪小便宜的人也可以为自己争取成功发挥一些帮助作用。况且，如果有些人能够有所改变，则完全可以转变成自己的优质人脉资源，毕竟这些人中有很多是能力很强的人。

当然，一旦发现这些人的素质与自己的发展方向越来越偏离，或者有可能给自己带来不必要的麻烦，就要干净利落地将他们从自己的人脉资源网络中删除，绝不能因为觉得人好仍将其看成朋友；否则，对于因这些人出现问题而给自己造成的不必要损失将悔之晚矣。

一个人要以谦虚的心态真诚待人，才能结交到更多的好朋友，进而有效拓展、积累自己的人脉资源。对朋友应该有所选择，但不能求全责备，能够容人才能使人脉资源网络更加全面、丰厚。

当然，与人交往必须设定心理底线，心中要有防范意识，绝不能贪图白吃的午餐，更不能只看表面而产生觉得人好就是朋友的思想，一定要深入了解别人与自己交往的动机；否则，很可能因为遇人不淑而给自己造成麻烦和损失，进而对自己争取成功造成影响。

维护人脉也要看菜下饭

生活中我们经常会去参加各种各样的聚会、展会，会认识很多各行各业的朋友。为了维护这些人脉，便忙于各种回访、电话、短信之类的应酬。可回过头来看，发现多数是在做无用功。如果你所维系的人对你来说不太适合的话，那么其实就是一些无效资源。

一个人的精力是有限的，我们不可能与每一个人都去发展深厚的友谊。对于大部分人来说，在有限的时间和精力内只能做对自己来说最重要的事，即有选择性地发现和关注自己的人脉，也就是我们所说的维护人脉也要看菜下饭。

俗话说：“物以类聚，人以群分。”生活中如果你跟一位酒肉朋友在一起，就会认识很多酒肉之友；如果你跟一位小混混结识，就会认识很多小混混；如果你跟一位有学问的人来往，就会认识很多有学问的人；如果你跟一位商界精英有交往，就会认识很多商界精英。

这就是人脉，就是这么神奇。所以我们一定要有针对性地选择对自己生活、工作有利的人脉来维护，对他们多用心，平时多交往；而对于一般的人则不用太费心交往，因为人的精力是有限的。

除了有针对性地维护人脉，还要有针对性地研究如何交往，因为不同的人会有不同的性格、兴趣、爱好，应区别对待。维护人脉也要看菜下饭。

有些人直来直去，有棱有角，性直、情真、气傲。对于这类人来说，我的错我就承认，从不耍赖；你的错你也必须承认，想赖也赖不掉。所以对于这种血气方刚、刚直无私、值得信赖的人，就需要诚实以待，不弄虚作假；否则待他们知道后会很反感，反而与我们的心理距离拉大。

与这类人打交道除了需要诚实，还要委婉，因为他们太直了，不会变通，甚至会喋喋不休地说某人的缺点，所以我们需要委婉地转移话题，或者幽默一下。这种人虽然说话有时过于耿直，但他们的内心是纯真的，所以不能因他们平时的一句话就对他们发火或者不与交往，这类人是很难得的朋友。因此，我们在与这类人交往时只须记住两点：第一，诚实；第二，委婉。

张健与李飞是因为工作关系认识的，他们经常在一起喝茶聊天。李飞是刚直无私的人，经常当面指出张健的缺点；张健虽然有时难以接受，但也深感为拥有这样一位刚直不阿的朋友而高兴，一次爬山遇难的经历，更让他坚定了这种想法。

一天，他俩一起去郊外爬山，到达山顶后，他们眺望着周围的风景。突然，张健不小心一脚踩空，眼看就要向山崖下跌去。在这一刹那，李飞明白将要发生什么，可他来不及用手去抓张健，便下意识地一口咬住了张健的上衣，但同时也被快速地带向岩边。仓促之间，李飞抱住了一棵树，张健却悬在空中。

李飞不能张口呼救，张健的生命系于他的牙齿之间。十分钟后，有人发现了他们，而这时的李飞，牙齿和嘴唇早被血水染得鲜红。

事后，记者采访时问李飞怎么会只用牙齿就能咬住衣服救一个人而且能坚持那么长时间？李飞回答："当时，我头脑里只有一个念头：我一松口，张健肯定会死。"

从那以后，张健更加觉得李飞这种朋友可交，他能够与你真心交往，与你同甘共苦，能帮助你不断进取，成为你终生的骄傲。

人脉中还有这样一类人，他们表面上对你嘻嘻哈哈，面带微笑，但是你始终捉摸不透他究竟是怎么想的。因此，同这类人交往要讲究分寸，把握尺度，不要因为他们脸上挂着微笑，就觉得他们特别好，特别有耐心，你就得寸进尺，忘乎所以。当然也不是说这种人就不能交往或者不能与之共事。对于这种人只须掌握两点：第一，有礼，在这种人面前要始终保持一种积极、向上、健康的心态，那些污秽的话不要在这类人面前讲；第二，有节，这里的节是指节制。也就是说一定要掌握好度，不能无限度、无节制。

除了与上述这种人交往时应做到有礼有节，自己在与任何人交往时也同样应做到有礼有节，应尊重对方的意愿，绝不能强人所难。

一位富有的投资商，想到自己的家乡考察办厂。县长得知后很高兴，便热情款待。就在投资商到达的当天晚上，县长先是请他到酒店小聚，投资商不好意思拒绝，只好答应了。但投资商不擅饮酒，几杯下去，就面红头晕、摇头拒饮了。可是县长怕对投资商招待不周，于是说尽好词，劝其“再进”“再进”一杯酒。投资商有风度、有涵养，就勉强多喝了几杯。

好不容易吃过饭、喝完酒，县长为表达自己的“好客之情”，又邀请投资商去唱卡拉 “OK”。这时投资商已经很反感了，但为了保持自己谦谦君子的风范，也为了不伤及县长的自尊心，便陪着他折腾了一个晚上。第二天，投资商什么也没说，留了一个纸条和 2000 元钱便匆匆走了。

直到投资商走后，县长也没明白为什么昨晚大家挺高兴的，投资商就走了呢。其实这就是县长不懂得如何观察人的原因，投资商看不惯县长的强人所难，但为保持风度又不得不答应。显然县长没有做到有礼有节，把握好度。

在现代社会里，人们越来越渴望扩大与别人交往的范围，以获得更多成功的机会，于是，各种聚会越来越多，并因此拥有了无数的熟人，也就是我们平常所说的“认识”的人。对这些人要有针对性地交往，有针对性地维护。只有这样，才能不为人脉所累，关键时候让人脉帮助你。如果做到了这些，你与奥巴马的距离还会很远吗？

用惊喜和感动创造人脉

生活中，很多人都有需要帮助的时候，如在某种情况下需要关心、鼓舞乃至同情，如果他是你的人脉对象之一，在他最需要帮助的时候，你就应该默默地守在他的身边，一个支持的眼神，一句鼓励的话语，甚至陪他喝一杯酒，为他递上纸巾或者义不容辞地跑到他身边忙前忙后……这些举动都会使他感到真正友谊的存在，也会深深地打动他。这样，你与他的心理距离就会一下拉近。

在人脉的经营与维护中，我们应该做个有心人，应该经常给他人一个惊喜，一个感动。在常规的节假日，或对方特殊的日子里，比如生日，不妨打一个问候的电话或发一条祝福的短信，或寄上一张精致的贺卡（或电子贺卡），或发一封 E-mail，这样做，无论是谁都会被深深感动。

比如某公司招待客户时，总是连其家人一起招待。如果单单只招待客户，那么只不过是利益交换，是类似于商场上的关系，也更显其功利性；但由于家人的加入，则变成了非正式的关系，彼此之间多了一层朋友关系，更进一步说，是从理论的境地进入到了友情的境地。而且很少有机会参加宴会的太太们，对于公司的周到也会十分感激；孩子们也能难得地聚在一起说说笑笑。相信太太和孩子的这种情绪也会传染给先生，使他们不自觉地对招待公司“感恩”；公司给客户的印象也会大大增加，自然他们之间的距离会大大缩短。

再比如某人出席某厂商主办的讲演会。讲演之后，对送到车站来的主办单位的人员无意中提起“我父亲目前住院……”第二天，不知厂商的主办经理怎样打听到的，竟然到此人父亲入住的医院来探病。此人在感到意外的同时，更多的是惊喜与感动，而对厂商更多的是感激之情。这样做，你的业务还能做不成吗？你们之间的合作还会不长久吗？还会不愉快吗？

吴小姐是一家大型公司的顶尖业务员，年收入近百万，之所以这么成功，是因为她经常能给客户带去惊喜和感动。

有一次，吴小姐通过朋友介绍，认识了一知名集团的董事长。当然，也说不上是认识，因为还没正式见过面。吴小姐心里也明白，董事长一定很忙，所以就很有礼貌地等待，等待有一天董事长有空的时候再见面。但她不是坐在家里等待而是有准备地等待。

通过观察，她发现董事长非常尊敬长辈。有一次，吴小姐来到董事长的家，不一会儿董事长有事外出，剩下董事长的妈妈在家，于是吴小姐就留在董事长家中，与董事长的妈妈聊天。老人家一个人也希望能找个人聊聊天，于是，每隔一周左右，吴小姐就会抽空到董事长家中与董事长的妈妈聊天，说说家常话。

就这样，吴小姐与老人的关系越来越近，老人也总是盼望吴小姐到家里来。可有一阵子，吴小姐因为工作太忙，便很长时间没过去。有一天，董事长的妈妈对董事长说："那位姑娘怎么好长时间没来了，你给她打个电话问问。"

孝顺的董事长立刻拨电话给吴小姐……最终董事长被吴小姐与母亲间的情谊感动了。接下来，我想不用说大家也明白了，吴小姐自然从董事长那里得到了她想要的那笔订单。

如果你的人脉还很窄，那么就从今天起，想办法记住客户所说的每一句话，哪怕是一件极其微小的事情，只要你记住，当有朝一日再将这件事说出来时，对方肯定会非常感动，而且很快就能缩短彼此间的距离。

无独有偶。某企业董事长的家里，逢年过节总会收到很多礼品。一开始，他还有兴趣打开看看，还会对某人因礼品的特别而感动。但是由于每年节假日都是这样，董事长已经没有兴趣了，有时甚至连包装都不打开就直接退回去。

但是有一年春节的礼品却让他感动了。因为送礼的人不是送给他，而是送给他女儿，礼物是一个从远在大洋彼岸的美国寄过来的芭比娃娃。

这足以看到送礼人的一片心意，送礼人的付出自然会得到董事长的重视，他们之间的心理距离也更近了一些。

我们每个人都想拥有一个不错的人脉存折，但其前提是你必须往里面存入本金，你存入的本金越多，将来你所能支取的钱才会越多。这里的本金是指我们对朋友、对客户、对自己的人脉对象无条件的关心、分享与付出，用惊喜和感动创造人脉。

那么，平时我们应该怎样用惊喜和感动创造人脉呢？要想感动和使对方惊喜，我们就要做一个有心人。多在细节上做文章，记住对方所说的每一句话，发现每一个与对方有关的消息，然后在适当的时候告诉他，相信无论是谁都会很感动的。

1. 给他人一些特殊的对待

人在感情上都希望别人重视自己，待自己与众不同。因此，当你给别人一些异于常人的对待，稍多一点的好处，或让对方感觉到特殊的话语和行为时，都会引起对方的好感。这种特殊不在于实质的多少，只在于对方感觉到你待他与众不同。

2. 适时适当地向他人吐露一点秘密

当你把自己的秘密或者自己产品的秘密告诉他人时，对方会感觉你没拿他当外人，自然会很感动。

给朋友一个惊喜，能增进友谊；给同事一个惊喜，能融洽良好的人际关系；一声轻轻的问候，一份贴心的关怀，能给人意想不到的温暖。就让我们用惊喜和感动去创造并维护自己的人脉吧！

别以为认识了就是朋友

人常说，人脉资源越丰厚，对一个人争取成功的帮助就越大。同时，也有人说："人生得一知己，死而无憾。"由此可见，一个人应尽量结交更多、更有用的朋友，真正结交到知己、知音。

日常生活和工作中，只知道对方名字并见面打招呼的那些人，只能说是认识的人，别以为认识了就是朋友，可能连其中很多人是做什么工作的都不清楚，怎么可能称为自己的朋友或人脉资源。认识一个人后，有了一些了解和沟通，可以算是朋友，但只有经过心与心的交流沟通，才能成为好朋友。好朋友再通过不断增进了解、加深感情，进而通过合作或互相帮助，才能称为自己的人脉资源。

应该说拓展、积累人脉资源不是一件容易的事，不可能一蹴而就。世界上一见钟情之所以令人艳羡，正是因为其少见；而对人脉资源来说，更重要的是稳固而长久，有多少一见钟情的事能够经受住时间的考验。因此，要想构建自己的人脉资源网络，就要抛弃急功近利的幻想，踏踏实实做好人脉资源的拓展和维护工作，以真诚之心与人交往是构建自己人脉资源网络的基础和关键。

俗话说："人心难测，知人知面不知心。"要做到与别人心与心的交流沟通，首先自己要出于真心，待人真心才能尊重别人。只有真心才能全心全意帮助别人，只有凡事出于真心才能赢得别人的真心相待。

要让别人感觉到自己的真心，往往只须做好一些小事，比如，在与人交往中，时时与对方联络感情，在特殊的日子发去特殊的祝福，等等，小事情往往能够让别人感觉到他被重视，别人同样能从小事中感觉到你的细心和真心。相反，如果不是真心待人，往往就会不经意间流露出对别人的轻视，没有人愿意同轻视自己的人交往，如果让别人有了这种感觉，彼此也不可能成为朋友。

与人交往一定要付出自己的真心，同时，也要注意把握一个度。凡事不能过分，出于真心但绝不能过分热心，如果连别人的隐私都关心不仅会让人反感，更会让人警惕。现代社会，每个人对陌生人都有一种防范心理，这是很自然的自我保护，如果过分热心，对方不仅感觉不到真心，反而有可能会觉得是居心不良，或认为太幼稚、太荒唐，当然会拒绝交往。

与人交往，对自己充满自信，才能让别人感觉到你真诚的内心。一个人有自信心，会给别人留下良好的印象。自信代表着人的能力，有能力会让别人感到可靠，不会产生敌意。相反，如果没有自信心，不能让人有依赖感，往往会被别人瞧不起，认为你是一个无足轻重之人。通常，每个人都愿意结交比自己强的人，往往对能力较弱的人不感兴趣。所以，为了与别人更好地交往，就要对自己充满自信，并通过自信赢得别人的心。

与人交往，谦虚是受人欢迎的良好品德。谦虚既是对别人的尊重，也是对自己的尊重，只有谦虚才能让人放松心态，缩短人与人之间的心理距离。相反，处处炫耀，时时贬低别人，往往会令人反感。以谦虚的心态与人交往，才更容易和别人成为朋友。

与人交往，包容的心态有利于彼此和谐相处。包容也是一种尊重，它是指要尊重彼此的差异。尊重别人才能彼此相互依赖，和谐生存。相反，总是以自我为中心，只看到自己的长处，嘲笑别人的不足，任何人心中都不会认同，当然也不会从心里接受这样的人，更不可能与之有心与心的交流，彼此自然不会成为朋友。

与人交往，心与心的交流沟通最为关键。一般要经过一个由相识到相交再到相知的过程，才能真正做到与别人心与心的交流。别以为认识了就是朋友，知道名字、见面打招呼只是认识，但要真正了解一个人，则需要过程。不经过相交、相知的阶段，可能就会连别人的脾气秉性怎样，做什么工作，有什么能力这样一些个人最基本的信息都不了解，还怎么能与人交往，怎么能帮助别人，自己有困难时怎么知道谁能帮忙。可见，从认识到成为朋友，必定要有一个交往过程。

与人交往，从互不相识到成为真正的朋友和人脉资源，一般要经历逐渐深化的过程。

第一是相识阶段。

只有认识才能与之交往。现实生活中，既然是认识，一个人最基本的信息当然应该知道，比如对方的名字、联系方式等。当然，互联网的出现也改变着人与人交往的一些基本条件；但即使在网络中，也必须知道网络中的名字，至于联系方式，同样必不可少。交往沟通的前提，当然是要能够联系到对方，否则一切无从谈起。

第二是相交阶段。

这个阶段是朋友关系的形成时期，关键是加深了解，联络感情。最终目标是，通过交流沟通做到对别人基本了解，感情联络初步形成，关系好些的已经可以比较正常而顺畅地联络感情，通常的表现是能够做到经常见面，经常联系。

第三是相知阶段。

这个阶段是朋友关系的稳固时期，通常表现为彼此几乎完全了解、熟悉，可以做到互相关心、互相帮助，感情联络完全和谐正常，彼此已经可以初步成为人脉资源了。至于以后的发展，则要视关系维护的好坏决定，维护得好，可以成为知己；维护得不好，关系也可能倒退。

与人交往是一个渐进的过程，需要一定的时间才能逐步建立朋友关系，其中每个人要想做好与人交往工作，还要学习、掌握相关的技巧。总之，与人交往最关键的是心与心的交流沟通，只有做到这点，人与人才能成为朋友和人脉资源。

与人交往是一门艺术，别以为认识了就是朋友，要想与别人真正成为朋友，首先要真心相待，还要注意把握尺度，在交往过程中注意技巧和方法，更要循序渐进，逐步深入对方的心灵，最终，就能成为生活和事业上无话不说、合作互助的好朋友和人脉资源。

名片上绝无过时的资料

现代社会，名片作为一种沟通工具，实在太平常了；但乔·吉拉德借助名片创造了日均售车约 6 辆的销售奇迹，杨舜仁靠善用 16000 多张不同人的名片被称为“名片管理大师”，对他们来说，名片实在太不平常了。

一张名片上最基本的内容不外乎有姓名、单位、电话及电子信箱等，对不善于开发、利用的人来说，也就能得到这些信息；而对善于开发、利用名片的人，名片如同一座人脉资源的宝藏。只要开发，名片上绝无过时、无用的信息，不断开发、利用名片，人脉资源永远不会枯竭；而一旦停止开发、利用名片，一个人很快就会沦为落伍者，也不会再从名片中得到人脉资源。因此，善于开发、利用名片，才能使名片真正成为自己人脉资源网络建设的重要资源。

名片的作用是双向沟通，即有发有收形成循环才能沟通。因此，开发、利用名片是双行道，一条为主动式拓展人脉资源，即以发放名片为源头拓展人脉；另一条是跟进式拓展人脉资源，即以收到名片为起点拓展人脉。两者方向不同，自然就有各自不同的手段和方法；但只要真正开发、利用好名片，都有助于人脉资源网络的建设。

主动式拓展人脉资源的代表人物非世界推销大师乔·吉拉德莫属，他对自己的名片进行开发、利用的手段和方法值得每一个人借鉴。

对于名片的作用，用乔·吉拉德的话说就是：“我要告诉每个拿到我名片的人，我是谁，我在做什么，我在卖什么，我要让所有想买车的人都知道应该和我联系。”因此，乔·吉拉德将名片视为种子，他发名片像是农民在播种，

“播完种后，农民就会收获他所付出的劳动。”

乔•吉拉德这种主动式拓展人脉资源的方法，为他赢得了持续不断的人脉资源，乔•吉拉德因此一生总共销售了13001辆车，最高单月销售纪录为174辆，平均每日售出约6辆车，这些纪录至今仍没人能打破。

跟进式拓展人脉资源的代表人物是台湾的“名片管理大师”杨舜仁，他以收到别人的名片为起点，通过对名片进行管理，然后有针对性地进行开发、利用，同样成功构建了自己的人脉资源网络，应该说这种方式更符合当今的社会环境。

名片是商务人士必备的沟通工具，也是一个人经营管理人脉的重要资源。现实生活中，很多人常常是名片收了一大把，然后往家里或办公室里随手一放，可是有一天急于寻找一位曾经结识的朋友帮忙时，却东找西翻，就是找不到对方的名片和联系方法。可见，一个人对名片的管理十分必要。

对名片进行管理，第一，在和他人在不同场合交换名片后，务必详尽记录与对方会面的人、事、时、地、物。交际活动结束后，应回忆一下刚刚认识的重要人物，记住对方的姓名、企业、职务、行业等。第二天或过两三天，主动打电话或发电邮，向对方表示结识的高兴，或适当赞美对方的某个方面，或者回忆一下愉快聚会的细节，使对方加深对自己的印象和了解。

第二，对名片进行分类管理。可以按地域分类，比如按省份、城市；也可以按行业分类；还可以按人脉资源的性质分类，比如同学、客户、专家等。

第三，养成经常翻看名片的习惯。工作间隙翻一下名片档案，给对方打一个问候的电话，发一条祝福的短信等，让对方感觉到你的存在和你对他的关心与尊重。

第四，定期对名片进行清理。将手边所有的名片与相关资源数据做一次全面性整理，依照关联性、重要性、长期互动与使用几率、数据的完整性等因素，将它们分成三堆，第一堆是一定要长期保留的；第二堆是不太确定，可以暂时保留的；第三堆是确定不要的，对确定不要的应及时销毁处理。

名片上绝无过时的资料，在与人交往中，不要小看了小小的名片，它可是你人脉管理的重要资源。人脉资源需要长年累月地培养，使用好自己的名片，更要管理好朋友的名片，这样才能使自己的人脉得到扩展，从而有利于事业的亨通。

不论是乔•吉拉德采用的主动式人脉资源拓展方法，还是杨舜仁采用的跟进式人脉资源拓展方法，都是对名片进行开发、利用，使名片真正成为自己人脉资源网络建设的重要资源；通过对名片上的资料进行深层次的开发、管理，能够得到很多、很重要的资料；名片上绝无过时无用的资料，每个人都能从名片这座人脉资源的宝藏中发掘出自己的人脉资源，并以此不断丰厚人脉资源网络。

设立一套有效的时间管理系统

当今世界，科技发展日新月异，一个人要想获得成功，就必须果断，不能拖泥带水，只有效率高才能迅速占据优势。成功的机遇往往稍纵即逝，畏首畏尾、优柔寡断只会使人贻误良机。而成功的道路上，各种问题和困难常常会突然出现，不论是自己着手解决，还是借助人脉资源的力量请朋友帮忙，效率高低与否更应是重要的考虑因素；否则一旦错过解决的时机，就会造成难以挽回的损失。

因此，每个人凡事都要对效率问题给予高度重视。尽管很多人对于自己的人脉资源网络是否高效都非常重视，但一般多只看重遇到问题和困难之后，人脉资源能否及时发挥作用时的效率。其实，人脉资源网络建设的效率更加重要，它才是人脉资源发挥作用的基础。人脉资源网络的建设是一个长期的过程，除了要投入大量的精力之外，投入最多的就是时间，毕竟不论是与别人交往成为朋友，还是维持与朋友的良好关系，都需要花费一定的时间，如果能用较少的时间结交到更多的朋友和维护好与朋友的关系，无疑会大大提高人脉资源网络建设的效率，而要做到如此，就要设立一套有效的时间管理系统。

谁都清楚时间的重要性。爱迪生说过，世界上最重要的东西是时间，时间最突出的特性是不可逆转性，因此，时间本身并不能被管理。所谓时间管理，归根到底是对一个人自身的管理和约束，简单地说就是：一个人怎样才能在更短的时间内达成更多的目标。这句话用于人脉资源网络的建设就是：一个人怎样在更短的时间内与更多的人成为朋友并保持好朋友关系。

时间管理的重要性正被越来越多的人所重视。时间是世界上最短缺的资源，除非严加管理，否则就会一事无成。其实，时间管理没有什么神秘的，简单地说就是：依据轻重缓急设定短、中、长期目标，再逐日制订实现目标的计划，将有限的时间、精力加以分配，争取最高的效率。

现实生活中，很多人正是这样规划、建设自己的人脉资源网络的；但有时效果不是特别明显，主要是因为这种做法过分强调效率，而把时间绷得死死的，反而产生了反效果，使人失去增进感情、满足个人需要的机会。

但是，如何改进呢？通常，从一些细节入手，对人脉资源的拓展及人脉资源网络的维护工作进行一些改良，就能大大减少所浪费的时间，从而提高人脉资源网络建设的效率。

具体方法是：对已有的人脉资源进行分类，相关资料一定要定点存放。俗话说：“人到用时方恨少。”其实很多人的人脉资源并不少，问题是不善于及时整理，名片乱放，一旦需要时往往找不到，如果总是这样，效率当然不可能高。

克服懒惰心理，平时及时整理人脉资源的信息。人脉资源的信息越早整理越容易。另外，要创建并使用人脉日志。

随时随地、坚持不懈地进行人脉资源的拓展和维护。浪费时间最多的方式是时断时续地交友，如果与人交往全凭性情，三天打鱼两天晒网，即使投入再多时间、精力，也不可能交到朋友。

制订与人交往的计划并遵照执行。在与人交往中，延误计划是最浪费时间的情况，解决的办法是预先安排交往计划，事前有准备，遇到延误，也能把本来会失去的时间化为有用的时间。

以积极的心态与人交往。老是想着犯过的错误和失去的机会，或者空想未来，这两种心态都是极浪费时间的。

行动胜于一切空想。花许多时间思考要做的事，担心这个、担心那个，找借口推迟行动，又为没有完成任务而悔恨，这种人最需要以行动来提高效率。

要做好充分的准备工作。对于交往对象缺乏了解就匆忙行动，往往需要推倒重来，如此做法会极大地浪费时间，与人交往也不可能成为朋友。

掌控自己的情绪。消极情绪使人失去干劲，做事效率下降。对人怀有戒心、妒忌、明争暗斗、愤怒及其他消极情绪使人难以相处，因此必须进行自我心理调适，培养积极心态。

与人交往要分清轻重缓急。如果不懂得分清轻重缓急，就达不到应有的效率。区分轻重缓急是时间管理中的关键问题，它需要一定的技巧。许多人在处理日常事务时，完全不考虑完成某个任务之后会得到什么好处。这些人以为每个任务都是一样的，只要时间能被工作填满即可；或者，只愿意做表面看来有趣的事情，而不理会看起来不那么有趣的事情，完全不知道怎样把人生的任务和责任按重要性排队。

另外，与人交往中，还有人习惯将时间安排得很紧凑，一件事接着一件事，看起来似乎很合理，实际上却是非常没有效率的方法，因为这种做法会让人觉得束手束脚。如果工作未完成而时间到了，势必要将工作中断；如果提早将工作做完，势必只好干瞪着眼看办公桌了。

安排工作的方法，首先将一天应做的工作全部写在笔记簿上，前一天有未完成的工作也要加上去。写完之后，再从头到尾仔细看一次，并决定出工作顺序。但是排定的工作顺序并不是一成不变的，一边做的时候可以一边修改。

没有长时间的积累，人脉资源不可能丰厚；而不投入精力和时间，就不可能与自己的人脉资源保持良好的关系，关键时刻也就不能充分发挥作用，这些都是经营人脉工作必不可少的方面。但是更应重视构建高效率的人脉资源网络，而要做到高效率，就必须设立一套有效的时间管理系统，这样才能合理安排时间，将自己的人脉资源网络早日完善，为自己争取成功发挥作用。

拒绝无谓的交际应酬

一般而言，积极参加社会中的各种交际应酬活动，是一个人拓展、积累人脉资源的有效方法，特别是对一些刚刚步入社会、人际交往范围较窄的人，作用更加明显。但任何事情都有两面性和限度问题，各种交际应酬活动也有好坏之分，有益的交际应酬固然可以丰厚人脉；但现实社会中，也有很多无谓的交际应酬，参加这样的活动有时不仅不利于人脉资源网络的建设，反而可能对自己的人脉资源网络建设有害。因此，一个人对社会中的各种交际应酬活动要有分辨能力，对无谓的交际应酬应坚决拒绝。

现实生活中，无谓的交际应酬有很多，如婚宴、乔迁、满月、顺风送行、接风洗尘等不一而足，很多原本可以结交更多人的交际应酬活动，也已经蜕变成了吃喝斗酒而非人际交往的活动，还有的被组织者变成了谋取私利的手段，完全背离了与人交往的目的。参加这样的交际应酬活动，一个人一旦缺乏自律、把持不住，轻则伤害自己的身体健康，重则触犯法律法规而受到法律的制裁。

一个人的精力和时间是有限的，因此应该对别人邀请的交际应酬活动有所选择，对有利于自己人脉资源网络建设的应酬活动要积极参加；同时，要坚决拒绝无谓的交际应酬，以便节省时间和精力，通过其他方式更好地做好与人交往工作。

生活中，热衷于无谓交际应酬的也大有人在。有的人喜欢“吃请”，有的人喜欢“请吃”。他们认为，“吃请”证明自己有人缘、有面子和有身份；而“请吃”证明自己很有号召力、很有影响、很有能量。有人以饭局多为自豪，甚至美其名曰：吃得开。

还有些无谓的应酬，通常无非是某个或某些别有用心的人，为谋求一官半职，或者想入围某些小集团的班底，以备遇到问题和困难时可以有一个靠山，而投在位的官员或单位的领导等人所好，有意组织安排的各种交际应酬活动，参加者无非单位内外联系较多、平日相熟之人。如果领导喜欢喝两杯，组织的人就会投其所好而大排筵宴，大家陪着领导畅饮；如果领导喜欢打麻将，组织的人就找人与领导一起摸八圈，其间通过有意识的放水，使彼此之间心中有数，达到巴结的目的，社会的不良风气由此甚嚣尘上。

其实，被人称为“吃得开”似褒实贬，并不一定就是人脉广，更多的反而会让人联想到酒色的陷阱、权钱的交易，实非有德之人所为。在构建自己的人脉资源网络时，不仅要有意识地清除这样的人，而且更要拒绝参加这类无谓的交际应酬活动。

要想构建自己的人脉资源网络，就要拒绝无谓的交际应酬活动。当然，这个问题在构建人脉资源网络的最初阶段不是特别明显、突出；但随着人的成长和人脉资源网络的丰厚，这个问题将会越来越突出，如果不加以注意或有所放松，不仅会对人脉资源网络的建设造成影响，而且必将阻碍自己争取成功。

过多的交际应酬累死人，不好的交际应酬更害人，因此，自己就要把握好交际应酬活动的限度。要把握好交际应酬的限度，就要在与人交往中坚持合而不同、同而不污的原则。所谓合而不同，就是求大同而存小异，保持自己相对的独特性和品格。同而不污的意思是，要坚守做人的道德及国家的政策法规这条底线，在诱惑面前一定要站稳脚跟，不能干的事，不能说的话，不该去的地方，坚决拒绝，保持自己做人的准则，绝不随波逐流。

现代社会，很多人在人际交往中往往做不到拒绝无谓的交际应酬，原因主要是他们中间有的人过多地为别人着想，忽视自己的利益；还有的人担心拒绝可能引起对方的不快或触怒对方，从而给自己带来不必要的麻烦。

其实，在与人交往中，拒绝也要讲究技巧和方法，特别要注意的是，千万不要用强硬的语言指责别人，语气尽量委婉。学习、掌握拒绝的方法可以从简单的活动开始，如拒绝别人的饭局，拒绝简单的要求，然后再循序渐进。时间长了就会感到，拒绝也是可以掌控的生活技巧。学习、掌握一些如何拒绝的技巧、方法，往往能有效避免和消除这种疑虑。

拒绝无谓的交际应酬，要有礼貌而且必须坚决。很多人容易犯的毛病就是太优柔寡断，以这样的态度回应别人会让人觉得事情还有商量的余地。因此如果要拒绝，就要让别人清楚地知道自己不会再改变主意了，但是语气绝不能粗鲁。

拒绝无谓的交际应酬，要抢先一步表达。如果觉得对方将会邀请自己参加聚会，可以在别人说出口之前先告诉别人自己很忙。

拒绝无谓的交际应酬，可先表现出对交际应酬很感兴趣，然后说有其他的任务而实在无能为力，还可以推荐其他的适当人选或者可行想法，一些人会觉得这种被拒绝的方式还不错，至少你也在帮他解决难题。

拒绝无谓的交际应酬，最好先多谢对方想到你，同时说出拒绝的理由。一旦说出理由，则只须重复拒绝，最好不要与对方争辩。

总之，要想构建自己的人脉资源网络，只有把握好拒绝无谓的交际应酬这个原则，不把精力浪费在不值得的人和事情上，才能有时间和精力做好对自己成长、发展有益的事。生活中无谓的交际应酬很多，但一个人的精力和时间是有限的，因此，要充分认识拒绝无谓的交际应酬的重要性，并把握住自己，才能真正建设好自己的人脉资源网络。

对“有毒朋友”说“不”

六度分隔理论告诉我们，最多通过六个人，我们就可以和世界上任何一个人取得联系，进而通过交往成为朋友。世界之大，无奇不有，生活中既有助人为乐的好人，也有作奸犯科的坏人；工作中会遇到无私奉献的君子，还会有处处刁难的小人。与人交往自然什么样的人都可能遇到，结交到好朋友或者贵人，对一个人成就一番事业无疑会带来难以估量的帮助；同样，交到不好的朋友甚至“有毒朋友”，对一个人的负面影响也是难以估量的。因此，为了取得成功，每个人都应坚决对“有毒朋友”说“不”。

根据美国研究人员的最新发现，如果一个人感到疲惫、崩溃或者缺乏自信，不只是与自己的个人能力有关，还可能与身边出现“有毒朋友”或与其保持友谊有关。所谓“有毒朋友”就是指那些用言语或行为给人带来困扰，让人感到精疲力竭、灰心丧气，最终破坏别人生活的朋友。

其实，任何一个人都清楚“有毒朋友”不值得交往，自然也不会喜欢和这类人保持人际关系。有些“有毒朋友”是显而易见的，他们有能力也有意识地勾起别人的痛苦回忆，并且在交往过程中让别人不舒服、不痛快。针对这样一眼就能看出的“有毒朋友”，任何人都可以毫不迟疑地痛下决心，坚决对其说“不”，并立即剔除。

但有些“有毒朋友”却是隐蔽而难以发觉的。古语云：“画虎画皮难画骨，知人知面不知心。”很多“有毒朋友”并不是以大是大非、大奸大恶的形象出现；相反，我们很可能都曾被他们的一些行为感动过，或从小和他们一起成长，直到某一天才不知不觉发现，恰如人们通常所说的“有毒朋友”真的是常常触到自己的痛处，却又偏偏顶着朋友的帽子，让人感到不舒服却又无从下手，恼怒却又很难磨开面子。

根据美国心理咨询师的综合统计，总结出了几种“有毒朋友”的类型：

（1）暗中破坏型。这样的朋友会打着关心别人的幌子，经常暗示性地批评别人的外表、习惯及行为方式。

（2）滔滔不绝型。他们想尽办法要成为被关注的焦点，让别人围着他转，只有他能说话，别人只能当听众。

（3）自私自利型。以友谊为要挟，不管别人死活，逼别人迁就，比如明知别人第二天一早有重要的约会，还要别人陪他玩到夜深。

（4）惯于毁约型。约好了去逛街，但如有更好玩的约会，会毫不犹豫地在最后一刻甩掉别人。

（5）多愁善感型。他们总是向别人哭诉抱怨，却不去解决问题，令别人筋疲力尽，把别人当做不收费的治疗师。

由此可见，“有毒朋友”其实在社会中并不少见，相信每个朋友身边都会有那么几个“有毒朋友”。对于不同类型的“有毒朋友”，应该采取不同方式坚决对其说“不”：

（1）对于暗中破坏型的朋友。在与“有毒朋友”交往过程中，要有鉴别、有选择性地听取他的语言，特别是批评性语言，考虑其言语中的合理性和科学性成分，必要时就“走自己的路让他说去吧”。人生是一个从失败中吸取教训建立自信的过程，重点不是改正缺点而是发挥长处。一味地提示缺点，使人产生心理暗示，强化缺点，只能使事情更糟糕。

(2) 对于滔滔不绝型的朋友。一方面要倾听其语言，这可能是朋友之间一种愉快的分享或不快乐的分担，这是作为朋友的一种义务，但在适当时机我们要表达出自己的意见和建议；另一方面，如果仅仅是把我们作为她的一个听众，那么我们就可以在听他喋喋不休时，或者心不在焉，或者做自己的事，必要时告诉他我有太多的事需要完成，等完成这些事之后再听他说，这样他就很知趣地少说或不说了。

(3) 对于自私自利型的朋友。可以根据他需要帮助的实际程度提供必要的帮助，尽朋友之义，要让他知道你是一个有情有义之人，也是一个有原则的人；而不能让其认为你是一个容易受到要挟的人。

(4) 对于惯于毁约型的朋友。对与他的约定不要太当真，必要时自己故意失约几次，“以其人之道，还治其人之身”，让他知道“毁约”的影响与滋味。对朋友守信，不要把不守信的人当做你的朋友。

(5) 对于多愁善感型的朋友。一方面在一定程度上倾听他诉说，给予一定安慰；另一方面也要告诉他，你对他的事情无能为力，建议或推荐他到专业的心理咨询师那里，效果可能会更好。每个人都应该为自己负责，所以他也没有权利要求朋友听他无休止的抱怨，同样你也没有义务为只会抱怨却不去解决问题的朋友当治疗师。

每个人都需要朋友，每个人都希望多些“良友”，少些“有毒朋友”。中国有句古话叫“己所不欲，勿施于人”。因此，除了专家建议的定期清理自己的朋友资源外，我们也要不断反省自身，说不定，我们自己就是别人眼中的“有毒朋友”。

第6章

你知道奥巴马在想什么：成功交往，从心开始

这是一个沟通胜过拳头、人脉决定输赢的年代。我们会和形形色色的人交往，也会碰上千奇百怪的想法，揣摩到别人的心思绝对会让我们少犯错，少走弯路。真正的人际关系是由心开始、用心经营的人际关系，只有这样人脉才会得到全面发展。学一些人际交往中常用的心理学，知己知彼，才是成功交往的根基。

"刺猬法则"：别挤压别人的"人际气泡"

从心理学角度而言，心理相容是建立良好人际关系的重要条件，而促进心理相容的途径之一就是缩短彼此的心理距离。从这个角度说，两人彼此之间的心理距离小是好事。但现实中，很多人却无法完完全全接纳一个人进入自己的生活中。无论是心理距离还是空间距离，两个人总有不舒服的感觉。调整来调整去，不知道到底什么样的距离才是人际交往中的标杆。

心理学上的一个"刺猬法则"，形象地说明了这种心理距离的调试期。

为了研究刺猬在寒冷冬天的生活习性，生物学家做了一个实验。把十几只刺猬放到户外的空地上，这些刺猬被冻得浑身发抖。为了取暖，他们只好紧紧地靠在一起；但相互靠拢后，又因为忍受不了彼此身上的长刺，很快就又各自分开。可天气实在太冷了，它们又靠在一起取暖。然而，靠在一起时的刺痛使它们不得不再度分开。挨得太近，身上会被刺痛；离得太远，又冻得难受。就这样反反复复地分了又聚，聚了又分，不断地在受冻与受刺过程中挣扎。最后，刺猬们终于找到了一个适中的距离，既可以相互取暖，又不至于彼此被刺伤。

在人际交往中，我们正是这样一类带刺的动物，想要靠近同类，从别人那里获得温暖和支持；可当距离缩小，却又因为距离太小而觉得胁迫和压力。这其实是因为在人际交往中，每个人都需要独占一定的空间，这个空间叫做人际空间。因为这个空间像一个大气泡包围着每一个人，所以有心理学家形象地称之为"人际气泡"。距离太近，气泡感到了拥挤，自身的人际空间被侵犯，人自然会感到不自在。

这个心理学法则从一定层面上说明了人需要与他人建立密切的关系；但也需要心理上的自由，需要一定的独享的心理空间。正所谓喝酒七分醉，吃饭八分饱，人际交往也需要处处给人留有余地。热恋中的情侣或者交好的朋友，总是喜欢不舍昼夜地腻在一起，恨不能上厕所都像学生时期一样同往同行。殊不知，这正是人际交往的大忌，一是容易丧失新鲜感，二是容易产生依赖心理，三是使心灵上感到压力。

没有人能容忍他人闯入自己的空间。人与人之间需要保持一定的距离，即使最亲密的两个人也是一样。任何一个人都需要在自己的周围有一个能掌控的自我空间，如果两个气球靠得太近，互相挤压，最后的结果必然是爆炸。这也就是为什么两个本来关系密切的人，越是形影不离就越容易爆发争吵。

对人际距离的把握应注意以下几个方面：首先要尊重别人的隐私。不论多么亲密的人际关系，也应彼此保留一块心理空间。这种尊重表现为不随便打听、追问他人的内心秘密，也不随便向别人吐露自己的隐私。其次要有容纳意识。容纳意识要求我们尊重差异，容纳个性，容纳对方的缺点，谅解对方的一般过错。最后要懂得运用距离效应。距离的存在能给人以美的享受。

因此，应当培养自己拉开一定距离看他人的习惯，同时也不要时时刻刻把自己的透明度设置为百分之百。内心没有隐秘足显自己的坦荡；但因此也失去了应有的人际距离，无形中为以后的人际矛盾种下祸根，这就不是明智之举了。

这个道理应用到企业管理中也是如此。领导者和下属保持一种不远不近的恰当合作关系，可以避免下属的防备和紧张，也可以减少下属对自己的恭维、奉承、送礼、行贿等行为，还可以防止与下属称兄道弟、吃喝不分。这样做既可以获得下属的尊重，又能保证在工作中不丧失原则。“疏者密之，密者疏之”——这正是很多优秀领导者和管理者的成功之道。

通用电气公司的前总裁斯通在工作中就很注意身体力行刺猬理论，尤其在对待中高层管理者时更是如此。在工作场合和待遇问题上，斯通从不吝啬对管理者们的关爱；但在工余时间，他从不要求管理人员到家做客，也从不接受他们的邀请。正是这种保持适度距离的管理，使得通用公司的各项业务能够芝麻开花节节高。与员工保持一定的距离，既不会使你高高在上，也不会使你与员工相互混淆身份，这是管理的一种最佳状态。距离的保持靠一定的原则来维持，这种原则对所有人都一视同仁，既可以约束领导者自己，也可以约束员工。掌握了这个原则，也就掌握了成功管理的秘诀。

对于人际交往中合适的距离，美国心理学家爱德华·霍尔经过研究划分了四个区域：

（1）亲密距离（15 厘米之内）。这是人际间最亲密的距离，只能存在于最亲密的人之间，彼此能感受到对方的体温和气息。就交往情境而言，亲密距离属于私下情境。即使是关系亲密的人，也很少在大庭广众之下保持如此近的距离，否则会让人不舒服。

（2）个人距离（46~76 厘米）。这是人际间稍有分寸感的距离，较少的直接的身体接触；但能够友好交谈，让彼此感到亲密的气息。一般说来只有熟人和朋友才能进入这个距离。

（3）社交距离（1.2~2.1 米）。这是一种社交性或礼节上的人际距离，也是我们在办公室中经常见到的。这种距离给人一种安全感，处在这种距离中的两个人，既不会怕受到伤害，也不会觉得太生疏，可以友好交谈。

（4）公众距离（3.7~7.6 米）。一般说来，演说者与听众之间的标准距离就是公众距离，明星与粉丝之间也是如此。这种距离能够让仰慕者更加喜欢偶像，既不会遥不可及，又能够保持神秘感。

亲密并非无间，美好需要距离。在人际交往中要调控好彼此的人际气泡，不论关系多好，也要保持一定的距离，给对方一定的心理自由度，在彼此心里留有一定的距离感。距离感是很微妙的东西，拉开一点距离，一来可以使彼此获得心理自由，感到多一份舒服和自在；二来可以使彼此感到对方更美好，从而使彼此的关系更融洽、和谐。了解了交往中人们所需的自我空间及适当的交往距离，就能有意识地选择与人交往的最佳距离，从而更好地进行人际交往。

“蝴蝶效应”：小细节，大影响

气象学家洛伦兹 1963 年提出蝴蝶效应，其大意为：一只南美洲亚马逊河流域热带雨林中的蝴蝶，偶尔扇几下翅膀，可能在两周后美国的得克萨斯州引起一场龙卷风。这主要是什么原因呢？蝴蝶扇翅膀的运动，会导致其身边的空气系统发生变化，并引起产生微弱气流，而微弱气流的产生又会引起它四周空气或其他系统产生相应的变化，由此引起连锁反应，最终导致其他系统的极大变化。这主要说明初始条件的极小偏差，将会引起结果的极大差异。

“蝴蝶效应”在社会学界用来说明：一个坏的微小的机制，如果不加以及时地引导和调节，会给社会带来非常大的危害，可戏称为“龙卷风”或“风暴”；一个好的微小的机制，只要正确指引，经过一段时间的努力，将会产生轰动效应，或称为“革命”。

这个心理学法则是在阐述细节的影响力。细节决定成败，你不经意间的一个细节都有可能损坏了你的“光辉形象”。如果你在日常生活中有当众擦鼻涕、挖鼻孔、搓泥垢、打哈欠、打嗝、修指甲、剔牙齿、挖耳朵、搔头发、搔痒等动作，那么这些动作则会令你身边的人产生不良甚至恶心的感觉，进而破坏了你的光辉形象，他人也会因此而讨厌你。

我就曾经遇到这么一件事。初夏的一天，有一次坐地铁，在途经某站时，上来一个30多岁的女性，在地铁驶出车站没有多久，我看到她靠在门上，把自己的鞋子脱掉了。

可想而知，整个车厢里将会弥漫着多么难闻的气味。当时很多人都被她的这一举动惊呆了，很多人也因此躲到别的车厢。当然，我们不知道她究竟是不是故意脱鞋；但她这种行为让很多人很反感，甚至感到恶心。她的形象已经在她脱掉鞋子的那一刹那被糟蹋掉了。试想一下，这样一个不顾公共场合中其他人的感受的人，能否拥有很好的人缘？我想答案当然是清楚的。

相反，在与人交往时，如果你注意到了自己的一些细节，那么就很有可能获得对方的好评，并因此为你的人脉资源增加了筹码。

王芳是个活泼开朗、喜欢交际的女孩子，每次在与别人交谈时，她总能认真聆听，当对方讲到高兴的时候，她就扬起眉毛跟着高兴；当对方严肃时，她也就瞪大眼睛跟着严肃。除此之外，对于别人的邀请，她总能拿出笔记本，认真地记下约会时间和地址，这样大家觉得她是个很认真、很讲信用的人。因此，她在单位的人缘也很好，自然她的工作也很得心应手。王芳能很好地注意到这些交际细节，因此她的社交圈子也越来越大，工作开展得也越来越好。

其实，这些都是一些交往的细节，比如，你走路节奏匀称，动作庄重，稳若泰山，那么就会给人产生气度不凡、从容镇定的印象。相反，你毛毛躁躁，火急火燎，那么就会给人产生轻浮、浮躁、不稳重的印象，难以委以重任。

没有人不愿意接受别人的关心，也没有人会对关心自己的人产生反感。所以，要想拥有一个好人缘，就需要你适当地讲出来。如果你发现他（她）穿戴或容颜方面的细微变化，就立刻指出来。特别是女性，在与女人交往时，一定要注意这点。如果你注意到了她服饰、容颜有一些小的变化，并当众讲出来，她一定会很高兴，也会对你另眼相看，你们之间的心理距离也就缩短了。当然，如果是不好的细微变化，就需要慎重，不要轻易讲出来。

周健便是这样一个人。有一次，领导让他去出版社给张主任送一篇稿子。他听了领导的话，便坐公交车去了出版社。到出版社以后，他上楼敲门进入张主任的办公室。这时，张主任正在忙，他便坐在旁边等候。等候中，周健无意间发现张主任毛衣上的小饰物跟毛衣搭配起来很好看。过了一会儿，等张主任忙完之后，周健对张主任说了送稿子的事，并顺带说了一句："张主任，您毛衣上的胸花跟这毛衣搭配得真好看！"张主任一听，心里很高兴，便一下记住了周健这个人。

如果你发现对方的微小变化，并且真诚讲出来，相信你们之间的感情肯定会非常融洽，并因此而缩短彼此间的距离。就是这么一个细节，你注意到了，就会赢得他人的好感。千万不能忽视这些细节，它往往有着四两拨千斤的作用。

某人在毛衣上别了一个小小的胸饰，假如你发现后适时适当地称赞对方，说不定及时的称道，使得一贯对你冷漠的他突然因为受到你的表扬而对你笑脸相待，或许就此成为你们开始交往的一个良好开端。

记住他人不经意间的话，并在以后的日子里帮助去实现，那么一定能获得他人的好感，打动对方，进而缩短两人间的心理距离。

一天，小吴高高兴兴地给老王送去一大包味道鲜美的泡菜。送时小吴说：“我刚从老家回来，把以前答应送你的家乡特产捎来给您尝尝。”经小吴这么一说，老王才恍然想起，半年前两人一起喝酒时，小吴曾说过“我们家乡的泡菜味道棒极了”，而老王当时接着开玩笑说：“既然这样，等你回老家探亲时也给我捎一包吧！”谁都听得出来，实际上，这只是他的一句玩笑话，说完也就忘了。可到了现在，小吴却郑重其事地把腌制泡菜送来了，老王感动了，觉得小吴这人很有心，进而大大缩短了两人的心理距离。

人际交往的细节还有很多很多，在此就不一一列举了。只要我们注重此类的交际细节，人际交往的道路就会越走越宽，就会插上腾飞的翅膀。重视你的交际细节吧，里面大有交际文章可做。

皮格马利翁效应：每个人都需要鼓励

皮格马利翁效应，又叫“罗森塔尔效应”或“期待效应”，是由美国著名心理学家罗森塔尔和雅各布森在教学上予以验证提出的。这个效应来源于一个传说。远古时候，塞浦路斯王子皮格马利翁喜爱雕塑。一天，他成功塑造了一个美女的形象，爱不释手，每天以深情的眼光观赏不止。看着看着，美女竟活了。

根据这个故事，1968 年，罗森塔尔和福德两位美国心理学家来到一所小学，他们从一至六年级中各选 3 个班，在学生中进行了一次煞有介事的“发展测验”。然后，他们以赞美的口吻将有优异发展可能的学生名单通知有关老师。8 个月后，他们又来到这所学校进行复试，结果名单上的学生的成绩有了显著进步，而且情感、性格更为开朗，求知欲望强，敢于发表意见，与教师关系也特别融洽。

实际上，这两位心理学家提供的名单纯粹是随便抽取的，事先根本不知道他们学习成绩的优劣。这是他们进行的一次期望心理实验。他们利用他们的权威暗示教师，坚定教师对名单上学生的信心，虽然教师始终把这些名单藏在内心深处，但掩饰不住的热情仍然通过眼神、笑貌、音调滋润着这些学生的心田，实际上他们扮演了皮格马利翁的角色。学生潜移默化地受到影响，因此变得更加自信，更加热爱学习，奋发向上的激流在他们的血管中荡漾，于是他们在行动上不知不觉地更加努力学习，结果就有了飞速的进步。这个令人赞叹不已的实验即为“皮格马利翁效应”或“期待效应”或“罗森塔尔效应”。

“皮格马利翁效应”留给我们这样一个启示：赞美、信任和期待具有一种能量，它能改变人的行为，当一个人获得另一个人的信任、赞美时，他便感觉获得了社会支持，从而增强了自我价值，变得自信、自尊，获得了一种积极向上的动力。

由此可知，激励、赞美对一个人多么重要！

曾经有这样一个故事。

在一个山林里有甲、乙两个猎人，他们经常一起上山打猎。一日他们各自猎得两只野鸡回家。甲回到家后，妻子看见丈夫手里只拎着两只野鸡，便拉长个脸，冷言冷语道：“你去了一整天，难道就只打到两只吗?”这句话深深刺伤了猎人甲，他小声嘀咕道：“你以为打猎很容易吗？不信明天你去。”当然他妻子没有听到。第二天，他故意两手空空回家，让女人知道打猎是很不容易的。

那天猎人乙回到家中的情况跟猎人甲不一样。他的妻子看见他带回来两只野鸡，惊喜地问：“你真厉害，竟然猎到了两只野鸡，快跟我讲讲你是如何猎到的?”猎人乙听了很是得意，说：“这算啥，以后我还会打得更多呢。”果真，第二天，他带回家四只野鸡。

由此可见，赞美、激励之言多么重要。两个猎人都只听了妻子的一句话，做法却截然相反。猎人甲，第二天两手空空地回家；而猎人乙，第二天则带回家四只野鸡。

美国心理学家威廉·詹姆斯就说过：“人性深处最大的欲望，莫过于受到外界的认可与赞扬。”马克·吐温曾风趣地说：“一句美好的赞语可以使我多活两个月。”可见，赞美能增加他人的信心。

大音乐家勃拉姆斯出生于汉堡的贫民窟，少年时代为生活所迫，曾在酒吧混过。他酷爱音乐，却由于出生在贫寒的家境中，没有受教育的机会，更没有系统地学习过音乐。因此，他对自己未来能否在音乐上取得成功缺乏信心。然而，这一切在他遇到舒曼时发生了改变。当他取出他最早创作的一首C大调钢琴奏鸣曲草稿，手指无比灵活地在钢琴上滑动，弹完一曲站起来时，舒曼热情地张开双臂抱住了他，兴奋地喊道“天才啊！年轻人，天才……”

正是这种发自肺腑的赞美，使勃拉姆斯的自卑消失得无影无踪，同时也给予了勃拉姆斯从事音乐事业的坚定信心。从那以后，勃拉姆斯的精神面貌焕然一新，音乐的灵感滚滚而出，成为音乐史上一位卓越的艺术家。

舒曼对勃拉姆斯的赞美，就是一种有效的激励，提高了他的自尊心与自信心，帮助他走出了困境，最终成就了他的事业。

曾经看到这样一篇文章。

一位班主任老师写的日志。他说他们班上有这样一个群体：他们既不勤奋上进，也不惹是生非；对班级一切活动既不反对抗议，也不踊跃参加；学业平平，但也不至于名落孙山。一般情况下，既得不到老师的表扬，也受不到老师的批评，是一些容易被老师忽视、“遗忘”的学生。小伟便是这样一个学生，他似乎是没有什么特色的学生。直到有一天，一件微不足道的小事改变了这位老师对他的看法，进而也改变了小伟本人。

一次课间，学生们要去操场上做操，由于下课稍微晚了点，学生都急急忙忙地往外挤，这位老师站在门口维持秩序，这时正好门后面的拖把倒了，学生光顾着挤，大家谁也没有注意到横在地上的拖把。这时，小伟同学挤了过来，告诉大家看着点，别绊倒，然后拿了起来。

这位老师被这一幕感动了，做操结束回教室后，他立刻在班级表扬了小伟同学，并尽力赞美了他关心集体、为他人着想的好行为。

在以后的日子里，这位老师又从几件小事里发现小伟性格中闪光的地方，并及时给予表扬，使真善美的精神得以在小伟身上激发和升华。

自从小伟被老师不断表扬后，他变了，上课特别认真，作业完成得很好，学习成绩也有了一定的提高，走路时抬头挺胸，自信的神情挂在脸上……

多一些赞美吧！无论你从事什么职业，也无论你与什么人打交道，他或者她会因为你的赞美而改变，从而变得更好，你们之间的关系也会变得更加密切。

生活中，当你真诚赞美对方时，对方便会增添一份对你的认识，增加一次重新评估你的机会，有的人还可能因此得到新的启示而对生活的信心倍增。因此，让我们的生活中多些赞美的话语吧！

赞美是人际交往的一种技巧，但是赞美别人要实事求是，如果是言不由衷、言过其实的赞美，那就成了阿谀奉承，溜须拍马，效果也会适得其反，招致他人的反感。比如，对一个嘴巴大的人，你夸他："瞧，你的小嘴长得可真好！"或对一个胖子说："呀，你真苗条，太让人羡慕了！"因此，赞美、激励的话必须要本着实事求是、适时的原则。愿皮格马利翁效应给你带去好人缘。

甜柠檬心理：自我接纳，包容他人

甜柠檬心理认为自己的柠檬就是甜的。"甜柠檬"指自己所有而摆脱不掉的东西就是好的，要学会接纳自己。每个人都有自己的优点，都有自己的优势，也都有自己的特点，千万不要轻易否定自己。对于自己所拥有的一切，即便有一些看上去是劣势的东西，也要学会接纳，并努力找到其中的积极之处，做到扬长避短。

甜柠檬心理是一种心理战术，它能让人在达不到预期目标时，提高自我现状的价值。甜柠檬心理是一种心理防卫手段，比如别人开汽车，你骑自行车，有甜柠檬心理的人就这么想：骑自行车也不错，可以呼吸新鲜空气，还可以锻炼身体。适度使用甜柠檬心理可使人接纳自己，增强自信，缓解消极情绪。

生活中，每个人都希望自己的生活、工作顺顺利利，没有波折；但是现实往往是，人生在世不如意十之八九，经常会有突如其来的坏事情发生。面对这些不可改变的残酷现实，人们能够做的最好选择是勇敢地接纳事情的真相，找到自身的优势，珍爱自己，相信自己，乐观面对生活。

身残志坚、拼搏进取的女青年张海迪，以残疾之躯，完成了许多健全人无法做到的事，因此被誉为“中国的‘保尔’”。

张海迪5岁时因患脊髓血管瘤而高位截瘫，但她并没有因此被打败。童年时她就开始以顽强的毅力自学知识，先后自学了小学、中学、大学的专业课程。张海迪15岁时随父母下放聊城莘县一个贫穷的小山村，但她没有惧怕艰苦的生活，而是以乐观向上的精神奉献自己的青春。在那里她给村里小学的孩子们教书，并且克服种种困难学习医学知识，热心为乡亲们针灸治病，在莘县期间，她无偿为人们治病一万多人次，受到人们的热情称赞。

1983年，海迪走上了文学创作的道路，她以顽强的毅力克服疾病和困难，精益求精地进行创作，执著地为文学而战，至今已出版的作品有：长篇小说《轮椅上的梦》、《绝顶》，散文集《生命的追问》、《向天空敞开的窗口》,翻译作品《海边诊所》、《丽贝卡在新学校》、《小米勒旅行记》、《莫多克——一头大象的真实故事》等。她的作品在青少年中引起了强烈反响，长篇小说《轮椅上的梦》已经在日本、韩国出版。

1991年，张海迪在做过癌症手术后，继续拼搏进取，开始学习哲学专业研究生课程，经过不懈努力写出了论文《文化哲学视野里的残疾人问题》。1993年，她在吉林大学哲学系通过了研究生课程考试，并通过了论文答辩，最后拿到硕士学位。张海迪总是能够正视自己，接纳自己。除此之外，张海迪多年来还做了大量的社会工作，以自己的演讲和歌声鼓舞着无数青少年奋发向上。她也经常去福利院、特教学校、残疾人家庭，看望孤寡老人和残疾儿童。她还积极参加残疾人事业的各项工作和活动，呼吁全社会都来支持残疾人事业，关心帮助残疾人，激励他们自强自立。她为残疾人事业的发展做出了突出贡献。

张海迪曾三次应邀出访日本、韩国，举办演讲音乐会，她的自强不息的奋斗历程也鼓舞着不同民族的人民。

张海迪的成功就在于她能够正视自己，自我接纳。世上没有绝对完美的人，每个人都有缺点，无论是生理上的，还是心理上的，所以我们要学会用积极的心态接纳它，用正确的态度正视它，并从中找到自身的优势克服它。

那么我们怎样才能学会自我接纳并包容他人呢？

1. 承认自己的缺点

金无足赤，人无完人。每个人都有缺点，我们应该勇于承认自己的不足，正视自己。只有这样，才能做到扬长避短，走出自己的一片天空。

那么如何才能扬长避短呢？这也是摆在我们面前亟待解决的问题。

首先，以积极的态度和方法对待自己的缺点与不足。缺点与不足虽然让我们有一定的局限，有一定的阻碍；但它也有一定的积极意义，它能使我们更加冷静、更加清醒，使自己不至于那么狂妄，懂得在自己与他人之间保持一定距离。

其次，要记住在多数情况下，我们应该是扬长避短而不是以长补短。无论在生活还是在工作中，我们都应该发挥自己的长处。

2. 不要对自己太苛刻

对自己不要太苛刻，自己犯了错误也没有什么大不了的，是可以原谅的。允许自己犯错误，但在犯错后要弥补因错误而带来的损失，除此之外，还要吸取教训避免以后再犯错误。

3. 接纳并试图调整自己的负面情绪

人不可能总是很阳光，总会有心情好与不好的时候，当心情不好时，自然诸如沮丧、愤怒、焦虑、消极等一些负面情绪会随之而来。这时，我们要试图去接受它，告诉自己产生负面情绪是很正常的，最重要的是要尽快改变现状，想办法调整心态，让自己从负面情绪中走出来。

在接纳、检阅自己的同时，还应接纳他人。只有这样才能更好地与他人合作。那么生活中应该如何才能接纳他人呢？

首先，与人说话时，应做到认真倾听。对于他人的谈话不要轻易打断，学会在适当时机对他人的谈话做出回应。其次，一定要尊重他人。你可以与他人的想法或观点不同，但是一定要尊重对方。最后，如果你想与他人交往就一定要主动，要让对方感到你的友好及诚意。学会适时适当地真诚赞美他人，学会欣赏他人的优点，包容其缺点。

从现在开始学习并利用甜柠檬心理吧，学会自我接纳，包容他人。只有这样，我们才能更融洽地与他人相处，才能更加拥有人缘，也才能更容易成功！

暗示效应：激发潜意识的能量

暗示效应指在无对抗的条件下，用含蓄、抽象诱导的间接方法对人们的心理和行为产生影响，从而诱导人们按照一定的方式去行动或接受一定的意见，使其思想和行为与暗示者期望的目标相符合。

其中的暗示指人或环境以非常自然的方式向个体发出信息，个体无意中接受了这种信息，从而做出相应反应的一种心理现象。

我们在实际生活中经常会使用暗示，或暗示别人，或接受别人的暗示，或进行自我暗示。冷淡、泄气、退缩、萎靡不振等消极心态，是一种消极暗示，往往使人消极不振，人们不仅要承受其带来的痛苦与压力，而且还会波及人的身体健康。相反，热情、激励、赞许等积极心态，是一种积极暗示，往往能激发人们某种潜意识的能量，使人们得到温暖，得到战胜困难的力量。

玛丽在一家外贸公司工作已经两年多了，国际贸易专业毕业的她在公司的业绩表现一直平平，原因是她以前的上司珍妮是个非常傲慢和刻薄的女人，对玛丽所做的所有工作不是横加指责就是泼冷水，总之，从来没有表扬过她。

一次，玛丽主动搜集了一些国外对公司出口的纺织品类别实行新的环保标准的信息，这事无意间被上司珍妮知道了，珍妮大发雷霆，劈头就数落玛丽不专心于本职工作。从此以后，玛丽再也不敢干她工作边缘的事了，所以在珍妮被调走之前，玛丽一直是一个平平庸庸、毫不起眼的小职员。

后来，琳达被委任为玛丽这一部门的主管。琳达与珍妮的做法完全不同，她从不吝啬自己的赞美之词，经常鼓励和赞赏员工，特别提倡大家畅所欲言，不拘泥于部门和职责限制。在她的带动下，玛丽也开始积极发表自己的看法了。由于琳达的积极鼓励，玛丽的工作热情比以前高多了，她不断学习新东西，起草合同，参与谈判，跟外商谈判……她感觉自己浑身上下有使不完的能量。更让她想不到的是，以前那个沉默害羞的女孩，今天能够跟外国客商为报价争论得面红耳赤。

其实，玛丽的变化就是暗示起了作用。在不被重视，充满批评、指责的环境中，人往往会受到负面信息的影响，对自己做出比较低的评估，认为自己不行、干不好等。而在充满信任和赞赏的环境中，人则容易受到激励而向更好的方向努力，进而心态、行动也变得更加积极，最终取得较好的成绩，人的潜意识里的能量一下被激发出来了。

有"经营之神"之称的松下幸之助便利用暗示的力量来管理他的员工。他首创了电话管理术，经常给下属，包括新招的员工打电话。每次他也没有什么特别的事，只是问一下员工的近况如何。当下属回答说还算顺利时，松下又会说："很好，希望你好好加油。"这样，接到电话的下属每每感到总裁对自己的信任和看重，使其精神为之一振，于是工作热情大增，在自己的工作岗位上更加尽职尽责。

同样，美国钢铁大王卡内基选拔的第一任总裁查尔斯·史考伯说："我认为，我那能够使员工鼓舞起来的能力，是我所拥有的最大资产。而使一个人发挥最大能力的方法，是赞赏和鼓励。再也没有比上司的批评更能抹杀一个人的雄心了……我赞成鼓励别人工作。因此我急于称赞，而讨厌挑错。如果我喜欢什么的话，就是我诚于嘉许，宽于称道。我在世界各地见到许多大人物，还没有发现任何人，不论他多么伟大，地位多么崇高，不是在被赞许的情况下，比在被批评的情况下工作成绩更佳、更卖力气的。"

正是因为史考伯和卡内基都善于激励和赞赏自己的员工，才稳固地建立起了他们的钢铁王国。像这样的例子不胜枚举。生活中我们不仅要暗示他人，还要自我暗示，激发自己潜意识的能量。

80后美女总裁董思阳在其新浪博客上这样写道："我们每个人都渴望拥有成功、富裕、幸福的生活；但在现实生活中，为什么我们的行为常常与自我期望相差甚远？为什么我们费了好大的劲，却感觉成功仍然遥不可及？这一切都是由于在我们的潜意识中被输入了错误的指令而造成的。"

与人交往中，给予别人帮助有时并不一定要有实际的行动，实际上，像一句赞扬、肯定的话或者一个动作这样积极的心理暗示，也会像强心针一样，唤起别人无限的动力和能量，往往大大超过自己以实际行动对别人的帮助。

每个人都有巨大的潜能，不论是对自己还是对别人，积极的暗示常常比明示更能有效地调动人的潜力，使人的能力充分发挥出来。因此，在与人交往中，具有积极的心态非常重要，一个人既要多接收别人给予自己的积极暗示，更要善于给予别人积极的暗示，这样不仅能增加自己的人际吸引力，更能在人脉资源网络中形成积极的氛围，从而有利于吸引更多更好的人成为自己的朋友和人脉资源。

二选一效应：给别人两个选择

在现实生活中经常会遇到这样的场景：在你上班的路上，没吃早饭的你在一个卖煎饼的摊位停下来买煎饼，这时，卖煎饼的人边做煎饼边问你："请问您是加一个鸡蛋，还是加两个鸡蛋？"这时的你往往不假思索地回答"加一个"或者"加两个"。但是，你有没有发现，假如卖煎饼的人问你："请问您是加鸡蛋还是不加呢？"这时你的回答往往就是"加"或者"不加"。

这是为什么呢？因为人们在面对提问时，往往会不假思索地急于做出肯定或否定的回答，进而忽视了问题本身的合理性。这两种场景在我们生活中很常见，只是你没有把它们联系到一起。其实，这就是我们今天所要说的二选一效应。二选一效应指在谈判过程中，当对手因存在多种选择而举棋不定时，谈判者可以采用故意缩小选择范围、直至余下两个选择的办法，促使对手做出预期的抉择。

当然，在实践中，给对方余下的选择不一定是两个，也可以是多个。这个方法的实质是：用"是否问答法"提问题，往往不如让对方在几个对象中做出选择更容易得到对方肯定的答复。因为这种方法给对手以一定的选择机会，使他感到结果不是你强加的，而是他自己选的，满足了他的自尊心，反而更容易促成双方达成协议。

这个效应往往被销售人员采用。顾客有时对某个产品的买与不买犹豫不决，因此销售人员就运用二选一效应让顾客在多种选项中选择，客户就会很容易做出选择。这样，销售人员也会很容易做成这笔生意。

元旦前的一天，大华去百信鞋城转转。当她一进去，很快就过来了一个20岁左右的小姑娘，她笑着说："姐姐，您好，请问您想买什么鞋？"

大华直接回答说："随便看看。"

对方接着又问："那您是想买靴子呢，还是一般棉皮鞋？"

大华说："一般棉皮鞋就行。"

这时，大华在几个摊位前停下来看。

这位售货员说："请问您穿带跟的呢，还是不带跟的呢？"

大华说："我一般不喜欢穿带跟的，有一点儿跟就行。"

这时，售货员用手指着两款鞋介绍说："这款鞋美观大方，显得很华贵；而那一款经济耐穿，最适合日常生活中穿。请问您觉得更喜欢哪款鞋呢？"

这时，大华在售货员的诱导下，已经是在想"我该买哪一种鞋好呢？"而不是"我今天要不要买鞋"的问题了。

很多时候，我们往往会跟着销售人员的思路走下去，到最后自己就下了订单。而对方也这样把自己的单子做成了。

为什么会出现这种情况呢？很多时候，即使顾客有购买产品的意愿，但往往在产品的颜色、外观、规格、样式等细节问题上难以抉择。这时，一个优秀的销售人员便运用二选一销售策略，很轻松地把这笔买卖做成。

生活中二选一效应的例子也不少，比如作为业务员想要约客户见面，那么就要事先跟客户约好时间，其中就需要策略。如果你上来就问"您什么时间有空？"那么客户往往会回答说："对不起，我什么时间都没空。"如此一来，你自己不就很被动了吗？假如你这样问："那您明天上午十点以后怎么样？"如果对方还是在说没有时间，那么你就继续说："那明天下午看什么时间方便呢？"一直这样问下去，直到他告诉你什么时间有空为止。相信，这样你必定能跟他见上一面。

不知你发现了没有，在给对方做出的选择当中也并非是随便提供给对方的选择，这个选择是有倾向性的，即把我们自己想要的倾向提供给对方。

有这样一个笑话很能说明问题。

夫妻两人吵架，最后妻子说："不跟你吵了，但前提是你必须承认我对了。或者……"妻子故意不说了，在吊丈夫的胃口。丈夫很好奇地问："或者啥？你说呀？"妻子笑了笑说："或者就是你承认是自己错了。"

这虽然是一个笑话，但是足以说明问题。在人际交往中，我们在需要帮助对方做出决定时，要给对方几个我们比较倾向的选择，以帮助对方做出决定；有时甚至是无论对方做出哪种选择，对你都是有利的，都有助于成交。除此之外，给对方提供的选择之间也不要差异很大，如果差异较大，反而起不到任何作用。也就是说必须有一定的可比性，应差异较小；否则没有任何意义。

首因效应：给别人美好的第一印象

首因效应也叫首次效应、优先效应或"第一印象"效应。它指当人们第一次与某物或某人接触时所留下的印象。这种印象的作用最强，持续的时间也长，比以后得到的信息对于事物整个印象所产生的作用都强，它会影响对客体以后的认知。一句话，也就是"第一印象"的影响。

心理学家认为，由于第一印象主要包括性别、年龄、衣着、姿势、面部表情等"外部特征"，所以一般情况下，一个人的体态、姿势、谈吐、衣着打扮等都在一定程度上反映出这个人的内在素养和其他个性特征。因此说第一印象是很重要的。生活中我们对第一印象其实并不陌生，平时所说的新官上任三把火，就是在老百姓眼中的第一次的下马威，就是在利用首因效应力图给别人留下良好的"第一印象"……

第一印象很重要，如果给一个人打 10 分，那么第一印象的影响便可占到

4~5 分。第一印象就好像进门证，第一印象好了，才有可能为自己赢得机会。有人这样说过："永远都没有第二次机会去改变一个人的第一印象。"的确如此，无论在工作还是在生活中，我们都会自觉不自觉地根据自己对他人的第一印象来判断他的性格、能力、人品和为人等。因此，想要给人留下积极的第一印象，特别是在初次见面时，就要做到准时和有备而来。

22 岁的西蒙·福格从伯明翰大学毕业后来到伦敦找工作。

一天，他到《泰晤士报》报社去应聘，他对总编说："你们需要一个编辑吗？"

"不需要！"

"那么记者呢？"

"不需要！"

"那么排字工人、校对呢？"

"不，我们现在什么空缺也没有了。"

"那么，你们一定需要这个东西。"说着他从包中拿出一块精致的小牌子，上面写着"额满，暂不雇用。"

总编看了看牌子，微笑着点了点头，说："如果你愿意，可以到我们广告部工作。"这个大学生通过自己制作的牌子表达了自己的机智和乐观，给总编留下了美好的"第一印象"，引起他极大的兴趣，从而为自己赢得了一份满意的工作。

职场应聘如此，在任何与人打交道的场合亦是如此。内在的东西固然重要；但外表，你给人留下的第一印象也很重要。初次见面就给人留有不好印象的人通常不具备良好的交际能力。如果你蓬头垢面、不修边幅地参加某个会谈，相信即便你拥有再多的才华和内涵，估计也会被人拒之门外。

那么，什么样的举止会给人留下糟糕的第一印象呢？

马德里孔普卢栋大学心理学教授玛丽亚·阿维亚指出，初次见面就讲述私人生活或个人问题、搬弄是非或批评他人、只谈论自己、过于活泼或好开玩笑、举止莽撞冒失、自己高谈阔论却不给对方说话的机会、认为自己永远有理或目空一切，都会给人留下坏印象。

那么生活中，如何才能给人留下美好的第一印象呢？

1. 衣着干净得体

首先，最重要的是衣服要干净。干净是最基本的要求，穿得干干净净的人，让人看了也觉得舒服，让人想亲近。其次，着装要得体。美国有学者发现，职业形象较好的人，其工作的起始薪金比不大注意形象的人高出 8%~20%。当然这里的得体是指要符合自己的身份、气质和职业等；并不是说一定要穿名牌衣服，过度修饰，如果那样，给人的感觉反而不好，会让人觉得你很轻浮。

2. 言行举止大方有礼

说话要简明扼要，不要啰唆，不要用污秽无礼的语言中伤他人，不追问他人的隐私，不讲他人的坏话。措辞雅洁，声调适度，并适当使用一些礼貌语言，如“谢谢”、“请”、“对不起”等。

行为也要文明，符合社会规范。比如，站和坐的姿态一定要自然、大方、端正，尤其当坐着与人交谈时，应与他人保持一定距离，这种距离既不要太远，也不要太近，太近显得轻佻，太远会给人生疏的感觉。也不要皱眉、眯眼、撇嘴、摸腮，或啃指甲、搔头、掏耳和挖鼻。吸烟者更应注意切勿随便吸烟，或把烟灰弹落地上。

3. 经常面带微笑

人若经常微笑，自己也会感到愉快，心情自然也会好，整个人就会神采奕奕、容光焕发，别人见了也会觉得心情轻松许多。人若能经常保持微笑，别人也会对你微笑待之。

4. 表现出自信、昂扬的气质

心理学家指出，一个人要是走路时步履坚定，与人交谈时谈吐得体，说话时双目有神，目光正视对方，善用眼神交流，就会给人自信、可靠、积极向上的感觉。俗话说，自信的人最美丽。也许你会问，那么如何培养自信呢？要从自己感兴趣的事情着手，因为有兴趣才更容易干出成绩来，才更容易获得满足感。

5. 待人不卑不亢

不卑是指不要卑躬屈膝，做出讨好、巴结别人的姿态。不亢是指不要骄傲自大，目空一切。

6. 诚实守信

诚实守信，这是做人最基本的准则。凡是答应过他人的事，一定要办到。如果办不到，就不要答应。如果当面拒绝为难，也要说话留有余地。除此之外，还要遵守时间。开会、赴约最好不要迟到，否则会让人很反感。

7. 谦虚谨慎

初次见面一定要谦虚谨慎，讲话之前一定先想清楚然后再讲。无论是发表自己的意见，还是批评他人，都要谦虚谨慎，并说明“这不过是自己的个人意见，不一定对”等话。

一个无心的眼神，一个不经意的微笑，微小的动作在第一印象中都可能决定着会谈的成功与否。所以，从今天开始好好修炼自己吧！争取在日后与他人的交往中，给人留下美好的第一印象。

共生效应：让别人做一条绳子上的蚂蚱

在自然界，一株植物单独生长时，往往长势不旺，没有生机，甚至枯萎衰败；而当众多植物一起生长时，却能郁郁葱葱，挺拔茂盛。人们把这种植物之间相互影响、相互促进的现象称为共生效应。共生就是两者既相互利用，同时又有利于双方发展的现象。

这种情况其实不仅限于自然界，人类社会也常会出现，我国就曾出现“医学乡”、“教授县”、“人才市”。江西省抚河流域为我国历代名医辈出之地，盱河流域有“医学乡”的美誉。除了著名的“教授县”——江苏宜兴县外，湖北蕲春县也是闻名的“教授县”；浙江东阳市有“百名博士汇一市，千位教授同故乡”的称号，名为“人才市”。在国外，人才的“共生效应”更为明显。英国卡文迪实验室从1901年至1982年先后出了25位诺贝尔奖获得者，便是“共生效应”的一个杰出典型。

人才的共生效应，一是指引入一个杰出人才，进而逐渐形成一个人才群体，这是以人才引人才、挖掘人才的一条规律。二是指在一个人才荟萃的群体中，人才间的互相交流、信息传递、互相影响，往往会极大促进人才与群体水平的提高。因此，群体的组织者应当充分运用并不断强化共生效应，形成一个吸引人才、利于人才成长与脱颖而出的群体。如英国卡文迪实验室、美国贝尔实验室等，在那里工作过的科学家先后有多人获得诺贝尔奖。

在共生效应方面，人类社会与自然界也有所不同。自然界往往是原始的、初级的、自然的和被动的；而人类社会则往往是创始的、高级的、能动的和主动的。在自然界中，生物之间的分工与合作是通过共生关系和生存竞争的双重作用而自然形成和发展的。在人类社会中，个体和组织之间的分工与合作，是在人的能动作用基础上，通过共生关系和竞争关系而实现的。

在社会中，很多企业在技术创新和新产品开发过程中，在研究所或科研开发小组中，同事间的知识结构、技术专长、思维方式、科研水平等方面各有所长，大家互相学习、互相探讨、互相影响，使思维得以互补，不断提高大家的创新能力，取得更多的科研成果。许多企业的新产品、新技术都是在发挥众人所长、汲取众人智慧、集思广益的过程中取得的。对个人而言，认识和运用共生效应，并将其应用于自己的人脉资源网络建设中，往往能使人脉资源网络的吸引力不断提高，从而吸引更多人成为自己的朋友和人脉，有利于构建丰厚而高效的人脉资源网络，为成功提供更大的助力。

现实生活中，竞争中的共生可以说麦当劳和肯德基是最典型的例子。肯德基和麦当劳应该说是一对老冤家，虽然从表面上来看麦当劳无疑是肯德基最大的竞争对手，而肯德基也是麦当劳的劲敌。可是，造就麦当劳的成功，肯德基功不可没；而没有麦当劳，肯德基也不会有今天的规模。如今，世界上只要有肯德基的地方，就可以看见麦当劳的影子；同样，只要看见麦当劳，肯德基就有迹可寻。

从表面上看，这仍然是麦当劳与肯德基之间的竞争方式之一，虽然肯德基开在了麦当劳的旁边，但麦当劳的客户量并未减少；而麦当劳就在肯德基的旁边，肯德基的销售量同样没有下降；加上麦当劳和肯德基各自的经营策略，他们的销售量不仅没有减少，反而都有所增加。这是因为，对顾客而言，经常吃麦当劳的人也会去吃肯德基，而经常吃肯德基的人偶尔也会去吃麦当劳。时间一长，此区域的人气将会增加，他们都会有更好的生意。而且，麦当劳和肯德基无论哪家要在一个新的地区开店，都要做很多的前期调查；但是如果有一家开在某个地区，另外一家就省了前期的麻烦。

“同行是冤家”这句话在神州大地上流传了千年，社会的发展日新月异，市场的竞争也随之日益激烈。如今这句话应该说已经过时了，同样的事情也发生在伊利与蒙牛之间，他们同样在竞争中得到了快速发展，印证了共生效应的存在。可见，竞争的结果并不一定是你死我活，而往往是共同发展，关键是企业自身要有信心，不断提高自己的市场和服务水平，真正能够满足顾客的需求。

要想获得成功，这种共生效应值得每个人研究借鉴。共生效应往往能产生全体大于部分之总和的共生效益，即共生系统中的任一成员都因这个系统而获得比单独生存更多的利益。

在人脉资源网络建设中，把握共生效应可以让别人与自己做同一条绳子上的蚂蚱，大家荣辱与共、休戚相关，“合则彼此有利，分则大家倒霉”。在人脉资源网络内，人与人之间虽然可能有很多差异；但只要真诚相待，以接纳、包容的心态尊重彼此的差异，相互依赖生存，就能形成对每个人都有利的局面，这样，一个人的人脉资源网络就能逐步发展。而人脉资源网络之间，有竞争同样有利于人脉资源网络的建设。当今世界，一个人要想独自获得成功几乎是不可能的事，只有合作互利、共同奋斗，才有可能共同取得成功。

俗话说：“红花还需绿叶扶。”竞争中的共生效应就是，面对激烈的市场竞争，合作可以发展，竞争同样可以发展，不论是企业还是个人，只有共同承担责任，共同付出努力，才能群策群力获得成功。

对于人脉资源网络的建设而言，一个人更要努力拓展自己的人脉资源，做好人脉资源网络的维护，与更多的人合作，大家荣辱与共、休戚相关，才能共同取得成功。

情绪判断优先效应：要搞定事情，先搞定心情

心理学家发现，人们在做出判断的时候，感性思维也就是情绪往往优先于理性思维，这就是“情绪判断优先效应”。

这个效应来源于这样一个实验。

戴博斯和利文撒尔让大学生参加一次破伤风预防注射的劝说活动，其中包括指明这个病的严重性、致命性和易感染性,并且把大学生分为三组：第一组处在高恐惧唤起条件下，对这种病进行非常逼真的描绘，病状也看得很清楚，并制作出一种尽可能吓人的情境；第二组处在中等程度的恐惧状态下；第三组的恐惧唤起最小。然后，让受试者回答预防注射的重要性如何，以及是否想接受注射。同时，附近的大学保健医院在此后一个月内对做预防注射的学生进行了登记。结果表明，唤起的恐惧越大，想接受注射的人越多。

另外一个劝说受试者还做了以下实验。

为了劝说受试者使用节能灯，实验者使用了两种方法：一种是给受试者呈现温室效应的内容、原因及结果，也就是进行纯理论的说明；另一种是除了前面的理论说明外，还呈现一些与温室效应有关的旱涝灾害的图片。结果发现：后者更容易引起受试者的情绪反应——恐惧，也使他们更倾向于使用节能灯。

以上两个心理效应说明，恐惧唤起引起了态度和行为的变化。情绪判断优先效应也就是说，在做出对事物的判断之外，人更容易受情绪的影响，从而转变态度。所以说，我们在交际中，要想搞定事情，就必须先搞定心情。

每一个人既是理性的，又是感性的；既有面对问题理性分析的一面，又有面对问题感性冲动的一面；既有面对问题深邃思考的一面，又有沉湎于事情而充满喜怒哀乐的一面。这些都是正常的。其实，人非草木，孰能无情。当一个人面对不同的事物和情况时，总会或喜或悲，或欣赏或憎恶，或激动或恐惧，等等。这些情绪的产生也一定会对我们的行为、语言产生一定影响。

在人际交往中，我们都经历过这样的感受，比如自己在工作中挨了老板的批评，有一肚子的委屈与无名火，自己努力地克制。回到家尽管还是很不高兴，但仍然努力克制；丈夫也发现了你的情绪不对，但没有过多地深究。你们的谈话都非常小心，但还是因为对一个问题持有不同意见，两人便大吵起来。

我想这样的事情很多家庭都经历过。这是为什么呢？这主要是因为妻子的情绪很糟糕，已经很难控制自己了。她自己也知道不怪丈夫，但情绪已经控制了自己的行为和态度。

在人际交往中，我们会遇到各种各样的问题，这些问题会使我们的情绪产生波动，如果不善于控制自己的情绪，就会使我们的人际交往受阻或者失败。相反，我们也可以利用情绪优先状态的影响力来改善我们与他人之间的关系。

比如你出差归来，可以给妻子、同事还有朋友等带些小礼品，相信收到礼品的人肯定会很高兴，你们之间的关系也会变得非常融洽。也就是说，给你接触交往的人创造一个舒适愉快的环境，唤起对方对你积极肯定的情感，会对你们的交往效果产生良好的影响。

美国汽车推销大王乔·吉拉德就深知这点，做足了感情投资。他的办公室通常放着各种牌子的香烟，当顾客来到他的办公室忘记带烟却又想抽一支时，他不会让顾客跑回车里去拿，而是问："你抽什么牌子的香烟？"听到答案后，就拿出来递给他。有时，来访的顾客会带来孩子，这时，推销大王就拿出专门为孩子们准备的漂亮的气球和味道不错的棒棒糖。除此之外，他还为顾客的家人每人准备好了一个精致的胸章，上面写着："我爱你"。他知道，顾客会喜欢这些精心准备的小礼物，也会记住他的一片心意。

的确如此，一般顾客都会因此而对乔·吉拉德产生好感，也会对他产生好的印象。这样，乔·吉拉德的汽车销售生意就不难做了。

日本著名企业家松下幸之助就是一个善于感情投资的高手，他曾说过："最失败的领导，就是那种员工一看见你，就像鱼一样没命地逃开的领导。"他每次看见工作十分辛苦的员工，都要亲自上前为其沏上一杯茶，并充满感激地说：“太感谢了，你辛苦了，请喝杯茶吧！”

松下幸之助把对下级的关怀与爱都表现在了这些小事上，所以员工们都很感动，于是更加努力工作。

综上所述，我们在与人交往中，要想影响一个人时，可以先从情绪入手，努力在情感上打动对方，这会使对方更容易接受我们。

名人效应：让有分量的人替你说话

生活中，不论是电视还是报纸，也不管是香水还是服装，各种各样名人代言的广告无处不在，请名人代言致使产品大销的报道也很多，可见名人的影响力不容低估，这就是通常所说的名人效应。

名人的出现所达成的引人注意、强化事物、扩大影响的效应，或者人们模仿名人的心理现象统称为名人效应。它可以带动人群，它的效应可以如同疯狂的追星族那么强大。在现实生活中，利用“名人”和“名人效应”发财的大有人在，而且愈演愈烈。不仅名人创作的艺术品值得收藏，就连名人用过的物品也不可轻视。艺术品的投资与收藏，同样存在着名人效应。

美国心理学家曾做过一个有趣的实验。他在给大学生讲课时，向学生介绍说聘请到举世闻名的化学家。然后这位化学家说，他发现了一种新的化学物质，这种物质具有强烈的气味，但对人体无害，在这里想测测大家的嗅觉。接着打开瓶盖，过了一会儿，他要求闻到气味的同学举手，不少同学举了手。其实瓶子里只不过是蒸馏水，而化学家则是从外校请来的德语教师。

这种由于接受名人的暗示所产生的信服和盲从现象被称为名人效应。名人效应的产生依赖于名人的权威和知名度，名人之所以成为名人，是因为在他们那一领域必然有其过人之处。名人的知名度高，为世人所熟悉和喜爱，所以名人更能引起人们的好感、关注、议论和记忆。

俗话说：“人微言轻，人贵言重。”说话的人如果地位高、有威信、受人敬重，他所说的话就容易引起别人重视，人们也会相信其正确性。名人效应已经在生活中的方方面面产生深远影响。巧妙运用名人效应，让有分量的人替自己说话，对一个人的事业成功会有很大帮助。就连美国首位黑人总统奥巴马，也曾请出“脱口秀女王”奥普拉·温弗里登台替自己拉票，有一次声势巨大的竞选集会吸引了大约18500人参加，不过许多人不是冲着奥巴马来的，而是想看美国最大牌的黑人女主持奥普拉·温弗里。

其实，名人效应也就是权威效应。所谓权威，是指社会的某些成员，其观点和意见在一定范围内拥有绝对的或者极其重要的作用，以及由此而形成的权力、威势、地位，这两者是互为因果的。拥有权力、威势、地位的人，其观点和意见往往具有一言九鼎的作用，堪称“一句顶一万句”。一般来说，权威至少有两个积极的作用：一是发生紧急情况时，需要有权威出面当机立断；二是在出现争议、相持不下、久拖不决时，可以由权威做出抉择。

现实生活中，每个人成功的路上都充满了荆棘和坎坷，要想顺利到达成功的彼岸，单凭一个人的财力、智力的确不是一件容易的事。成功人士的经验、教训、资金、技术是宝贵的财富，能够为一个人的成长提供机会、物质上的帮助、思想观念的启迪、潜移默化的影响。有了名人、权威或成功人士提携，一个人不仅容易脱颖而出，而且能缩短成功的时间，就是事办砸了、出现了偏差，也能有所庇护。

放眼天下成功人士，在他们奋斗的过程中，都曾得到过名人、权威或成功人士的支持，因此才使他们度过了人生中最艰难的时期，缩短了创业的时间，最终走向了辉煌。同时，也有很多事业初成的人因没有得到他人相助，往往辛苦建立起来的事业毁于一旦。可见，一个人要想在事业上有所成就，除了有足够的金钱和能力外，如果有人能够在前进的道路上帮一把，就会使事业产生飞跃。

成功人士可以是你的上司、你的老板，可以是你最要好的朋友，也可以是你的同学、亲属，甚至可能是一位萍水相逢的陌生人。只要是能够在人生道路上给予你帮助和鼓励，影响你人生路线的人，都可以视为贵人。

找一位成功人士帮自己，这是全球最成功的雅芳CEO华裔女性钟彬娴的成功之道。她的成功在许多人心中都是一个奇迹。

钟彬娴可以说是一无背景、二无后台。大学毕业后，钟彬娴去鲁明岱百货公司做她喜欢的营销工作。在那里，她结识了她职业生涯中的第一个贵人——鲁明岱的第一个女性副总裁法斯。在法斯的提拔下，钟彬娴进入了公司的最高管理层。后来，钟彬娴和法斯一起跳槽到玛格林公司，不久就升到了副总裁的位置。钟彬娴觉得自己的发展空间有限，于是去了雅芳。在那里遇到了她的第二个贵人——雅芳 CEO 普雷斯，在普雷斯的欣赏和破格提拔下，加上钟彬娴个人的努力，钟彬娴升到了 CEO 的位置。

一个没有背景的女性能升到这样的位置，其成功的关键就在于找对了自己职业生涯中的贵人。这就是当代成功速成法则，也可以称之为成功的捷径。

俗话说："顺风行船易，逆水驾舟难"。在人生的旅途中，成功人士往往是能够解决重要问题，甚至改变一个人人生道路的关键人物。成功的最佳途径就是紧紧跟在巨人的后面，借助贵人的力量如同顺风行船，从而取得事半功倍的效果。

不论叫名人效应还是称为权威效应，其作用无疑是巨大的。一个人要想获得成功，巧妙运用名人效应，让有分量的人替自己说话，对一个人的成长会有很大帮助，人脉资源网络的建设同样如此。在人际交往中，利用权威效应还能达到引导或改变对方态度和行为的目的。一个人要想快速实现自己的理想，就应该重视并借助成功人士的力量，成功人士的能力、经验及阅历是一种宝贵的财富，如果能够得到名人、权威人士、成功人士的指导和帮助，对一个人取得成功将会有极大的益处。

边际效应：给他最需要的东西

边际效应原是经济学上的概念，是指在其他条件不变的情况下，如果一种投入要素连续地等量增加，增加到一定产值后，所提供的产品的增量就会下降，即可变要素的边际产量会递减。当消费者消费某一物品的总数量越来越多时，其新增加的最后一单位物品的消费所获得的效用（即边际效用）通常会呈现越来越少的现象（递减），称之边际效用递减法则。

如今，边际效应的应用非常广泛，如德国经济学家戈森曾提出一个有关享乐的法则：同一享乐不断重复，则其带来的享受逐渐递减。由此演变出经济学中著名的“边际效用递减”规律。边际是增量的意思，边际效用就是每增加一单位消费所能增加的满足。

心理学家也用巧妙的实验证明了这一点。心理物理学核心定律韦伯·费希纳定理就涉及这个问题，结果发现人们的判断规律不是与刺激强度直接关联，而是与刺激变化的增量密切相关。例如，人们可以在安静时听到针落在地上的声音；但是在嘈杂的环境中，都难以听到火车开过的声音。

在生活中常有这样的例子。当一个人在沙漠中行进感到非常口渴时，如果给他一杯水，他喝时会感觉无比甘甜；马上给他第二杯，他仍然会感觉很好；如此不断让他继续喝，他就会逐渐感觉不太好，直至一点好的感觉都没了；如果还是不停地喝，最后，很可能会危及生命。这就是边际效应在生活中最常见的表现。

将边际效应递减法则用于指导人脉资源网络的建设，对一个人做好经营人脉的工作会有极大的作用，它可以有效纠正一个人在与人交往中出现的偏差。对同样的助人之举，在不同的时间、不同的地点、对不同的人往往会有不同的效果，受助对象的感受也会截然不同。正如俗话所说：“穷在闹市无人问，富在深山有远亲。”现实生活中经常出现的这种势利的情况，在与人交往中也屡见不鲜，很多人常常会因为交往对象具有的财富、金钱、权力等因素的不同，而采取不同的交往方式。

现实生活中，很多人都有这样的感受。在自己事业遇到困难、处于危难之时，往往很少有人会主动提供帮助，而在工作、事业顺利时，即使很少联系的人也会想方设法与自己交往，这就是人们通常所说的锦上添花。其实，从边际效应递减法则可知，在人际交往中，这种锦上添花似的交往方式往往是效果最差的。

与人交往，最可贵的是雪中送炭。有的人虽然有时落魄，然而世事多变，今天的落魄之人也许会成为明日的通达人物。如果认为对方是英雄，就该及时接纳，多多交往。如果自己有能力，更应给予适当协助，甚至施予物质上的救济，并且不能表现出丝毫得意的样子，这样，一方面使对方感觉受之有愧，另一方面又使对方有知己之感，使其终身铭记。日后如有所需，对方必奋力图报。

另外，有些人用“平时不烧香，临时抱佛脚”的方法和态度来对待朋友，平时对别人不冷不热，甚至故意回避，一旦遇到需要朋友帮助和支持时，却一反常态，立刻换上一副面孔，不是送钱、送礼，就是大献殷勤，表现得特别热情，其实这同样是与人交往中只顾锦上添花的表现。

也有人将边际递减效应中的特例统称为边际递增效应，认为边际效应有时候也可以是递增的。比如集邮，如果一套邮票由 5 张组成，其中每一张可以卖 10 元，当集齐 5 张组成一套后，其售价会大大高于 50 元，有些人将此认为是边际递增效应，并称边际递增效应和边际递减效应都是边际效应，只不过是两种不同表现形式，两者也可以伴随出现。

以边际递增效应指导人脉资源网络建设，就是在人脉资源拓展时，要重视结交朋友的朋友。在与人交往中，一般人都知道与陌生人交往很困难，但如果有朋友从中介绍，与人交往就会容易很多。与朋友的朋友成为朋友对拓展人脉资源会有事半功倍的效果，人脉资源的拓展和积累速度将大大提高，对人脉资源网络建设作用巨大。

依照边际效应指导人脉资源网络的建设，将会对人脉资源的拓展和维护发挥显著作用。参照边际递减效应做好人脉经营，可以有效纠正与人交往中出现的偏差，有利于人脉资源效用的提高。参照边际递增效应做好人脉经营，对人脉资源的拓展和积累有倍增效果，有利于人脉资源网络的建设。

破窗效应：别把自己和他人当破窗

破窗效应是说：一个房子如果窗户破了，又没有人去修补，隔不久，其他的窗户也会莫名其妙地被人打破；一面墙，如果有人涂鸦了，或者一些涂鸦没有清洗掉，很快，墙上就布满了乱七八糟、不堪入目的东西；一个很干净的地方，人会不好意思丢垃圾，但是一旦地上有垃圾出现，人就会都丢垃圾，丝毫不觉羞愧。

这个效应来源于美国斯坦福大学心理学家菲利普·辛巴杜的一个实验。1969 年，他进行了这样一项实验。

他找来两辆一模一样的汽车，把其中的一辆停在加州帕洛阿尔托的中产阶级社区，而另一辆则停在相对杂乱的纽约布朗克斯区。停在布朗克斯区的那辆车，他把车牌摘掉，把顶棚打开，结果当天就被偷走了。而放在帕洛阿尔托区的那辆，一个星期也无人理睬。后来，辛巴杜用锤子把那辆车的玻璃敲了个大洞。结果，仅仅过了几个小时，车就不见了。

政治学家威尔逊和犯罪学家凯琳在这项实验的基础上便提出了“破窗效应”理论：如果有人打坏了一幢建筑物的窗户玻璃，而这扇窗户又得不到及时维修，那么别人就可能受到某些暗示性的纵容去打烂更多的窗户。

今天我们不是要讨论一扇破窗的出现纵容更多的人“去打烂更多的窗户玻璃”的问题，这里我们想要说的是，生活中我们不要把自己和他人当做破窗来看待。

人生在世，难免会遇到各种各样的困难，也难免会经历各种磨难，这时我们千万不要灰心失望或自暴自弃。马克思曾说：“自暴自弃是一条啃噬心灵的毒蛇，它吸取心灵的新鲜血液，并在其中注入厌世和绝望的毒液。”自暴自弃、破罐子破摔是无济于事的，那样是对自己的轻视与不负责，只会让你的处境越来越糟。因此，无论处境多么艰难，我们也不要破罐子破摔，自暴自弃，不要把自己当做“破窗”。

人的一生不可能一帆风顺，总会磕磕绊绊。逆境不是人生的深渊，让人一落千丈，而是人生的磨刀石，只要自己不放弃，抱定希望与信念，在艰难困苦中磨炼，就会成就属于自己的精彩，哪怕你是一位残疾人。

珍妮·佳茜蒂是一位残疾人，虽然命运坎坷，但是她没有自暴自弃；虽然要忍受极大的痛苦，可她还能替别人设想，而且为社会做出了贡献。

小的时候她就患上了脊椎病，痛苦不堪。即使是搬动她，也会使她因疼痛而晕厥多次。有时疼痛使她难以忍受，甚至失去知觉。即使这样，她仍然充满爱，不愿意放弃，也不愿与世隔绝，所以，每天她的母亲总要读些报上的时事给她听，尤其是本市新闻。

有一天，她的母亲读了一篇评论，其中谈到有关许多女工悲惨遭遇的情形：比如工作时间长，报酬低等。听完这篇报道，小珍妮竟忘记了自己的痛苦，对她的母亲说道："妈妈！我想要在乡间找一个地方，叫这些疲乏不堪的女人能够到那里去休息两三个星期，同时还能领到工钱！"

妈妈对在如此痛苦中挣扎的珍妮还能想着为他人做些事情，很是感动。于是决定帮助她去完成这件事。

就在这年夏季，在附近一个风景优美的乡间设立了"珍妮·佳茜蒂夏令营"。第一年因为房屋有限，去的人不多；到了第二年，又添了许多宿舍，就有几千名妇女能够暂时离开工厂，去享受两个星期的天堂生活。

第三年夏季，珍妮听到许多关于她的夏令营的有趣故事，也接到那些被社会所遗弃的妇女写来的感谢信，于是便想亲自去夏令营看看。她的事迹被登报了，她想去夏令营看看的消息也很快传遍了整个小镇。后来，电车公司的经理表示愿意为珍妮特备一辆电车，从离家最近的电车站，把她送到火车站。而铁路公司也愿意准备一节专车送她到夏令营所在的小站。还有四位青年，自告奋勇地表示愿意抬她，沿途照料她，以减少她的痛苦。

最后，珍妮到了夏令营。她在那儿受到了大家的热烈欢迎。这次旅行她很快乐，但也因为身体吃不消最终失去了生命。

多么感人啊！不论在任何境遇之中，我们都必须牢记要珍重自己，不要破罐子破摔、自暴自弃，别把自己当成"破窗"！

生活中除了不把自己当成破窗外，同时也不要把别人当成"破窗"，不要以轻视的眼光去看人，不要因为他人过去的不好就否定他的现在，甚至觉得他无可救药，更不要因为他的缺点就去否定他，认为他人品不行。我们要努力去发现别人的闪光之处，而不是盯着他人的缺点并否定他的一切。

生活中，有的人总是喜欢用放大镜去看他人的缺点，他人有一点不好，就全部否定，把他说得一无是处，什么"这人不可信，这人没有能力……"

头脑中都是这人的不是。结果对别人总是戒备有加，时时如履薄冰，处处提防陷阱，看谁都像竞争对手，遇谁都存有戒心。如此一来，肯定就处理不好与他人的关系，还会把自己弄得神经兮兮，而别人看到你也会躲着走。

其实每个人的优点都比缺点多很多，可为什么却不容易发现呢？关键是以什么样的心态去对待。你若总把他人当做“破窗”，那么你就很难发现他人的优点。假如换一种思维方式，换一种看问题的角度，那么看别人的优点就容易多了。懂得欣赏别人，才能更多地发现别人的优点，也才能从他人身上汲取提升自己的能量。

链状效应：远离你生活中的“墨”

链状效应是指事物的相互影响作用。人们常说的“物以类聚，人以群分”、“近朱者赤，近墨者黑”也是指这种效应。这也告诉我们，人在不同的环境里，由于长期的耳濡目染，其性格、气质、素质和思维方式等都会具有明显差别。人是环境之子，容易受环境的影响。

年轻人由于思想单纯，阅历浅，经验少，辨别是非的能力还不强；但这时候思想敏锐，容易接受新鲜事物，容易被着色，所以更要提高警惕，多接触一些美的事物，多熏陶自己，注意防微杜渐，坚决摒弃丑恶的东西。

在德国，希特勒上台后，使成千上万的德国青年卷入战争之中，其最主要的原因就是希特勒这个“墨”使他们变成了双手沾满鲜血的战争罪犯。近年来，网络的“黄毒”对青少年的毒害居高不下，多少孩子为此失学、厌世；多少家庭因此而身心备受折磨，这些都是活生生的“近墨者黑”的例子。

由此可知，环境对人的影响是很大的。在现实生活中，你和谁在一起很重要，甚至能改变你的成长轨迹，决定你的人生成败。

如果你和消极、愤世、懒惰等具有不良嗜好的人在一起，那么就会受到他们潜移默化的影响，时间久了你很可能就会成为和他们一样的人，染上不良嗜好，变得堕落。因此，我们要多和具有良好心态的人在一起，多和具有高尚情操的人在一起，这样，我们的心态和状态就会和他们非常接近，也会成为和他们一样的人。

科学家研究认为："人是唯一能接受暗示的动物。"消极的暗示会对人的情绪和生理状态产生不良影响，抑制人内在潜能的发挥，从而只会使人变得越来越颓废，越来越平庸。相反，积极的暗示会对人的情绪和生理状态产生良好的作用，激发人的内在潜能，发挥人的超常水平，使人进取，催人奋进，使人越来越接近优秀。

宋朝著名文学家、史学家和政治家欧阳修在文学上取得了卓越的成就，创作了大量优秀的散文和诗词，其中尤以散文著称，其特点是简洁流畅，丰富生动，富于感染力。

欧阳修在颍州府当长官时，有位名叫吕公著的年轻人在他手下当行政助理。

有一次，欧阳修的朋友范仲淹路过颍州，顺便拜访欧阳修。欧阳修热情招待，并请吕公著作陪叙话。

谈话间，范仲淹对吕公著说："近朱者赤，近墨者黑。你在欧阳修身边做事，真是太好了。应当多向他请教作文写诗的技巧。"

吕公著点头称是。后来，在欧阳修的言传身教下，吕公著的写作能力提高得很快。

一般认为，如果想有所作为，周围环境的影响不可忽略，与优秀的人交往，会使我们受益匪浅，即所说的"近朱者赤"。那么我们怎样才能同优秀的人接近呢？

很多人都会说，那些优秀的人怎么会理睬一个平庸而无所作为的人呢？况且，他们也不会有时间理睬你。所以，要想自己也能成为一个优秀的人，第一要提高自己。至少要有最基本的常识，懂得最基本的待人接物的礼节。

第二，要做个有心人。向别人学习，不一定需要和他们有双向或直接的交流。当然，能够有直接交流的机会更好。观察他们为人处世的方法，看在眼里，体验在心上，也可以达到学习的效果。

第三，现在网络很普及，他们中的有些人会写博客，所以可以时常去看他们的博客。看完之后，可以给他们留言。这样不也是一种很好的交流方式吗？与此同时，你自己也可以开通一个博客，写写自己的情况，并链接对方。这样你们的时间便自由了，对方可以随时到你的博客去看，你也可以随时到对方的博客去看。

第四，如果有这些人举办的讲座或者交流会，争取尽可能参加，这样便有机会与他们面对面地交流。最好在去之前做好准备，比如怎么提问，怎么跟他们沟通等。

跟优秀的人接近只是开始，那么如何跟优秀的人交往呢？我想这也是很多人困惑的问题。

第一，要有一个谦虚的态度。不要在优秀者面前狂妄或者不服。你想想，如果你一脸不服气，那么你还干吗来问人家。所以谦虚的态度很重要。

第二，你问完后，对方告诉了你具体该怎么做之后，必须说声“谢谢”，这是最基本的礼节。如果你最后连句“谢谢”都没有，那么帮助你的人心里会有想法。不过，或许很多人会说，人家那么优秀，要怎么谢呢？因此就觉得不好意思或者根本不知道怎样做来还这个人情。其实，你这样想就错了。对方不需要你多么贵重的礼品，也不需要你请客吃饭，而只需要你能说声“谢谢”就足够了。

第三，隔段时间后，你应该打电话或者发邮件告诉他你的情况和进展。这点也很重要，很多人往往都会忽视。其实，你能把进展情况告诉他，他会为自己指导你有了进展而高兴，从而会有成就感。千万不要等着他反过来问你的进展状况，如果这样就太没礼貌了。这也是为你积累人脉的重要细节。

第四，在节假日或对方生日等重要日期，一定要发信或寄卡片祝福，这样对方才会觉得平时没有白帮你。

与优秀的人交往，其实并不像我们想象的那么难。只要你自信，有心，就一定能与优秀或成功的人交往。

因此，要想成为优秀或成功的人，就去努力接近他们吧！和他们在一起，学习和模仿他们的一举一动，以及为人处世的方法。如果你想如雄鹰一样翱翔天空，就要和群鹰一起飞翔，而不要与燕为伍。让我们学最好的别人，做最好的自己吧！愿链状效应帮助你走向成功！

霍桑效应：耐心倾听他的抱怨

霍桑工厂是美国一个制造电话交换机的工厂，具有较完善的娱乐设施、医疗制度和养老金制度等；但工人们仍愤愤不平，生产状况也很不理想。为探求原因，美国国家研究委员会组织了一个由心理学家等多方面专家参加的研究小组，在该工厂开展一系列试验研究。这一系列试验研究的中心课题是生产效率与工作物质条件之间的相互关系。其中有个“谈话试验”，即用两年多的时间，专家们找工人个别谈话两万余人次，规定在谈话过程中，要耐心倾听工人对厂方的各种意见和不满，并做详细记录；对工人的不满意见不准反驳和训斥。这个“谈话试验”收到了意想不到的结果——霍桑工厂的产量大幅度提高。这是由于工人长期以来对工厂的各种管理制度和方法有诸多不满，无处发泄，“谈话试验”使他们这些不满都发泄出来，从而感到心情舒畅，干劲倍增。社会心理学家将这种奇妙的现象称为“霍桑效应”。

“霍桑效应”的启示是：人在一生中会产生数不清的意愿和情绪，但最终能实现、能满足的却为数不多。对那些未能实现的意愿和未能满足的情绪，切莫压制下去，而要千方百计地让它宣泄出来，这对人的身心和工作都会有利。

人脉资源网络越丰厚、越高效，对一个人的帮助就越大。而随着人脉资源的不断积累，朋友的人数会越来越多，因此，在与人交往中就应该对“霍桑效应”加以重视，主动、认真倾听朋友的牢骚，使朋友因愿望和理想未能实现而产生的不满得以发泄，这不仅能使朋友的情绪不会被压抑，反而有利于朋友的身心健康，而且还可以因此加深自己与朋友的关系，有利于自己人脉资源网络的建设。

与人交往中，会听比会说更加重要，仔细认真地倾听对方的谈话，不仅表示对朋友尊重，而且无形中也告诉朋友自己对他非常重视，这样等于在褒奖对方，会使朋友的自尊心得到满足，这种彼此心灵间的交流，能有效缩短自己与朋友的心理距离。特别是当对方有怨气、不满需要发泄时，倾听可以缓解他人的敌对情绪。很多人气愤的诉说，并不一定需要得到什么合理的解释或补偿，而是需要把自己的不满发泄出来。此时，倾听远比提供建议有用得多，即使对方的不满针对自己，自己有解释的必要，也应在对方的怒气缓和后再进行，以避免正面冲突。

伏尔泰说："耳朵是通向心灵的道路。"但如果自己心中存有太多的成见，那么就为自己倾听别人设置了最大的障碍。

重视"霍桑效应"，用倾听造就成功的典范当属多普达的总裁李绍唐。虽然李绍唐年轻时去敲老板的门，遇到老板心不在焉、看着电脑有一搭没一搭地回上一句，让他很反感；但他成为老板后，承认自己也曾不由自主地边处理公务边和员工讲话。当李绍唐认识到"这是对员工最大的不尊重"时，他开始利用一切机会倾听员工的心声。

李绍唐的方法简单又高效，轻松的环境才能打破上下级间紧张的气氛。开始，他每个月都会请十多名员工喝咖啡、吃蛋糕，让不同部门的同事互相认识，并且要求每人必须提一个有关公司发展的建议。不久，他把这种倾听方式转变成主题，变为"快乐午餐"，大家聚在一起吃快餐、聊愿望。后来，他更是将下午五点半到七点半命名为"快乐时光"，员工们一起喝啤酒，发泄自己心中对公司的抱怨。"最重要的是要找不同部门的员工。"李绍唐觉得这样才能听到对同一事情的不同观点。

在李绍唐还是普通员工时，就经常问老板为什么能成功？现在已经成为CEO的他，还是不断地问其他公司的CEO：你是怎么成功的？你为什么要并购？为什么要把某项业务卖掉？有哪些管理心得？

就连坐飞机、走路这样的时间李绍唐也不放过。在飞机上，李绍唐会问空姐："听说过多普达手机吗？"在电梯里，他会问旁边陌生人同样的问题，饭店的门童有时也会成为他询问的对象。

听的目的是为了吸收，李绍唐习惯于边听边记，打开他的手机，里面写满了四处听来的信息、看法。他还随身带了一个厚厚的本子，同样是为了防止忘掉重要的信息。最重要的是，每天晚上李绍唐还要温习，仔细揣摩别人话中的深层含义。

一个普通人不懂得倾听朋友的建议和意见，做事很可能会失败；而一个领导者如果没有兼听则明的姿态与修养，那么，朋友或者下属很可能只会向其表达顺耳之言，即使有建议和意见也很少会说出来，结果只能使人偏听则暗、一意孤行，由此造成的损失往往难以弥补。这方面最典型的例子莫过于韩国三星的李健熙了。

最初，当李健熙成为三星电子集团副董事长时，他的父亲李秉□亲自用毛笔写了“倾听”二字送给他，希望他将此作为一个企业领导者的金科玉律。后来，已经成为三星集团主席的李健熙由于个人对汽车的酷爱，决定进军汽车业。虽然很多高级经理都知道汽车行业的产能明显过剩，但都对这笔130亿美元的投资保持沉默。结果，三星汽车投产彻底失败。

很多人都说，三星汽车公司的建立，“不仅是个盲目的决策，也是官僚主义管理体制的一次失败”。李健熙这时也非常吃惊地反问：“为什么当初没有人敢说出对自己的反对意见呢?”由此可见，倾听是良好沟通的方法，而听与不听，听什么与不听什么则是沟通需要学习、掌握的艺术和技巧。

要想构建自己的人脉资源网络，做好人脉经营工作，就必须对“霍桑效应”予以重视。一个人如果静心倾听，则对自己而言有兼听则明的好处，还能给人留下谦虚好学、专心稳重、诚实可靠的好印象。而对于那些因为有未能实现的意愿和理想而转化为发牢骚的人，别人的倾听可以使其不满情绪得以发泄，对其身心和工作都有利，更会使其对耐心听他抱怨的人产生认同和好感，彼此成为朋友是非常自然的事。

与人交往，切莫压抑他人的情绪，耐心倾听他人的抱怨，不仅对朋友有好处，而且对自己的好处更多，对构建丰厚而高效的人脉资源网络会有极大的帮助。

零和游戏效应：和朋友一起双赢

所谓零和游戏，是指参与游戏的人有输有赢，一方所赢必定是另一方所输，而游戏的总成绩永远是零。

零和游戏效应之所以广受关注，主要是因为在社会的方方面面，都能发现与零和游戏类似的局面，胜利者的光荣后面往往隐藏着失败者的辛酸和苦涩。从个人到国家，从政治到经济，似乎无不验证了世界正像一个巨大的零和游戏场。

零和游戏理论认为，世界是一个封闭的系统，财富、资源、机遇都是有限的，个别人、个别地区和个别国家财富的增加必然意味着对其他人、其他地区和其他国家的掠夺，这是一个“邪恶进化论”式的弱肉强食的世界。但人类社会在经历了两次世界大战、各国经济高速增长、科技进步、全球一体化以及日益严重的环境污染之后，零和游戏效应的观念正逐渐被双赢观念所取代。人们开始认识到胜利不一定要建立在损人的基础上。人与人通过有效合作，皆大欢喜的结局是可能出现的。

但从零和游戏效应走向双赢，则要求人与人之间要有真诚合作的精神和勇气，在合作中不能耍小聪明，不能总想占别人的便宜，要遵守游戏规则；否则双赢的局面不可能出现，最终吃亏的还是参与其中的每个人。

在人脉资源网络的建设中，合作互利是基本的原则和策略，体现的正是双赢的观念，已经超出了零和游戏效应的范畴，一个人以此争取成功，无疑能赢得人们通常所说的最大成功。

人脉资源网络的建设，最重要的就是与人交往，而要做好，首先要学会做人。天下最难的事是做人，不会做人的人，往往很难赢得人生胜局。做人的成败与做事的成败密切相关，只有懂得做人的道理，经受做人的历练，才能胸怀大智，心装大事；再加上健全的心智、充沛的精力、正确的行动，最终才能取得事业的成功。

在日常工作和生活中，有的人即使做事能力一般，也能步步高升，这通常是因为这样的人更懂得做人之道。先做人，再做事，当一个人懂得了如何做人的道理、规律、技巧和方法，并按照这些规律行动时，在做事的过程中就能左右逢源、水到渠成。

做人是一个长期的过程，懂得了做人的原则并真正做到的人，在别人心目中往往能建立起诚信和尊严，若以此来经营人脉，就会拥有丰富的人脉资源。会做人才能心胸宽广、目光远大、谦虚谨慎，做事才会有原则，同时还能够赢得上级的青睐和同事的认可。相反，如果先做事再做人，很可能在做事的过程中，为了达到一己之私而突破做人应该遵守的原则，虽然可能做成一些事情，但会给别人留下很坏的印象，毁掉自己的形象，今后再做事时就会越来越有难度，久而久之，不仅事情做不好，做人还会更糟糕。

现实生活中，有很多人愿意与某人长期交往，表面看是因为他会做事，其实最重要的还是因为他做人成功。一个人如果能和人脉资源网络中的大多数成员形成合作互利的关系，那么就会使人乐于与其相处，这样往往能创造双赢甚至多赢的人脉资源关系。与他人形成这样的人脉关系，不但能带给别人更愉悦的体验，也能让周围的人过得更美好，更能建立起一个人的权威，赢得众人的信任。拥有这样的人脉资源，做事自然会更有效率，这绝对是具有较高价值的人脉关系。

当今世界已经跨入讲究团队合作的时代，一个人若总想通过单打独斗获得成功，最终结果不难判断，往往很难取得成功。构建自己的人脉资源网络，并与网络中的人分享自己的经验，或者帮助其他人，常常会收到意想不到的效果，发挥人脉资源的作用，大家一起共同努力，不仅能使作用范围更广，而且能够形成合力，力量也会更强，自己及自己的人脉都有可能共同获得成功。要想创造双赢甚至多赢的人脉关系，就要重视分享的巨大作用，并在自己的人脉资源网络中形成合作互利、共同分享的氛围。

社会生活中，常常有为了少数人或小团体利益而损害公众利益的事情发生，这同样是没有真正将做人的道理完全明白所致，即没有从根本上摆脱零和游戏效应的影响。真正做到超越零和游戏效应，构建双赢甚至多赢的人脉资源网络，其目标与满足社会公众利益，促进社会和谐与发展是一致的，不会出现一方获利必然使另一方受损的情况；但是一旦出现，恰恰说明双赢的人脉资源网络尚未构建完成。

俗话说：“饭要一口一口地吃，事要一件一件地做。”构建双赢甚至多赢的人脉资源网络，同样需要一个过程，绝不能急切行事，用心急躁和急功近利是做不成大事的。做人做事不锋芒毕露，做人踏实本分，才能获得别人的尊重，自己也才能问心无愧。

一位成功的企业家曾说过：“世界上最富有的人总是不断地建立人脉网络，而其他人则被教育着去找工作。”因为富有的人最善于运用合力，而专业的部分则由专家帮忙完成；同时运用不同的人际策略，花时间与具有决定权的关键人物培养良好的关系，以便将来实现更大的合作与成功。

任何人要想取得非凡的成功，都要从修身、自省开始，先做人、后做事，摆脱零和游戏效应的影响，和朋友一起双赢。成就大事的人不仅要对自己充满信心，而且要有一颗谦虚谨慎的心，这样才能真正做到以双赢构建人脉资源网络，自己和朋友也才能通过合作创造出更高的价值，并真正实现社会公众的利益。一个人要想获得成功，一定要记住：只有双赢，才是最大的成功。

北京航空航天大学出版社人文社科类图书

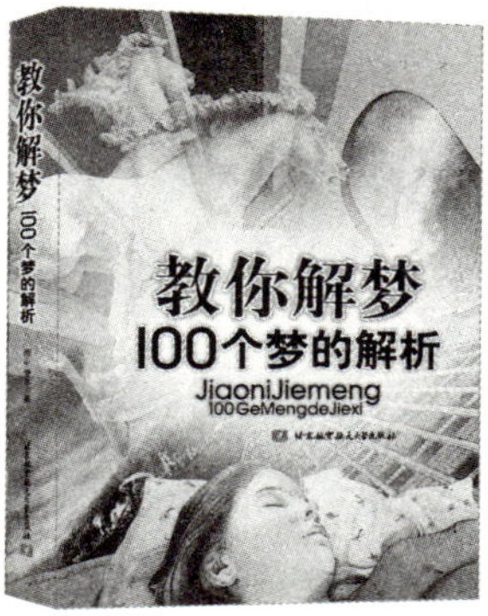

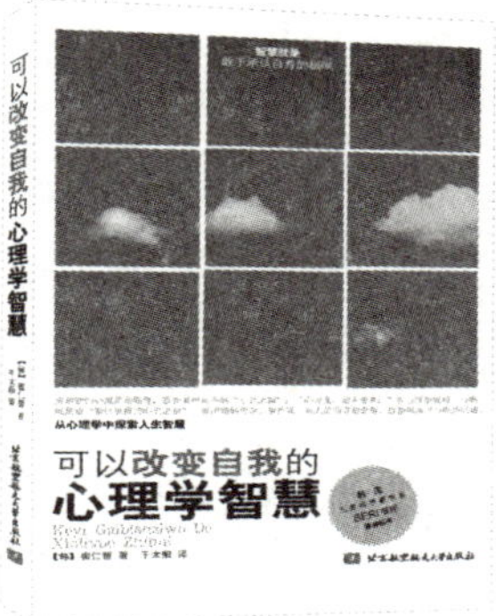

北京航空航天大学出版社人文社科类图书

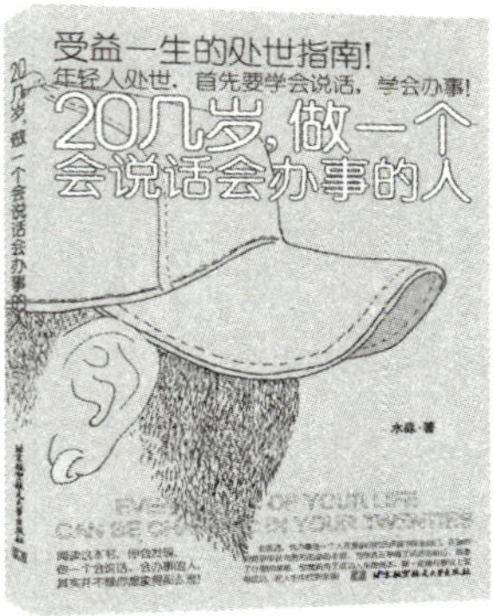

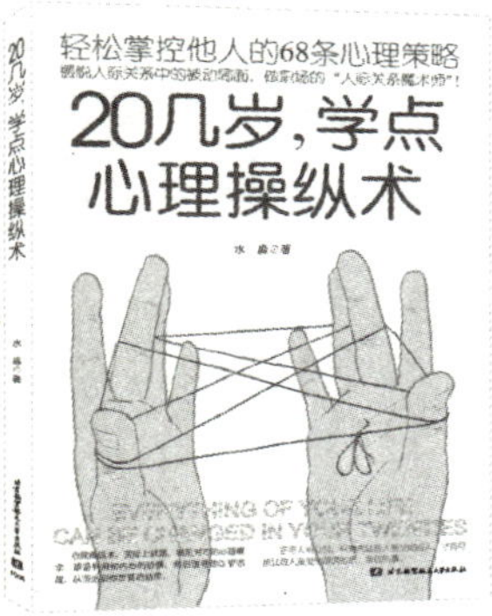

北京航空航天大学出版社人文社科事业部 82317023　　发行部 82317024